Walter und Ingrid Trobisch

Mein schönes Gefühl

Walter und Ingrid Trobisch

Mein schönes Gefühl

Briefwechsel mit Ilona D.

Editions Trobisch

1. Auflage 1975
2. Auflage 1980
3. Auflage 1983
4. Auflage 1987
5. Auflage 1989
6. Auflage 1992
7. Auflage 1997

ISBN 3-87827-033-X

Druck: Ebner Ulm

Inhaltsverzeichnis

Vorgespräch mit dem Leser

Sie werden fragen, was uns zur Veröffentlichung dieses Briefwechsels veranlaßt hat. Es ist folgende Erfahrung: Obwohl wir in unseren anderen Büchern das Problem der Masturbation nur im Vorübergehen und ganz unbetont erwähnt haben, ohne es in irgendeiner Weise zu dramatisieren, erhalten wir zu unserem eigenen Erstaunen auf diese beiläufigen Bemerkungen hin die meisten Leserbriefe.

Es sind oft verzweifelte Hilfeschreie. Dies ist um so erstaunlicher, als man heute überall hören und lesen kann, daß es unschädlich und ungefährlich sei, zu masturbieren. Denen, die sich in dieser Sackgasse befinden, hilft das nicht. Sie wollen persönlich ernst genommen werden.

Deshalb müßten wir eigentlich mit jedem, der uns schrieb, wegen dieser stummen Lust – landläufig meist mit dem verführenden und gleichzeitig irreführenden Wort »Selbstbefriedigung« bezeichnet – einen so umfangreichen Briefwechsel führen wie mit »Ilona«. Wir müßten seine ganze Lebenssituation bedenken, müßten die Menschen kennenlernen, mit denen er in Beziehung steht, seine Erlebnisse in Vergangenheit und Gegenwart zur Sprache bringen und – nicht zuletzt – seine Glaubensgeschichte und seine Beziehung zu Gott.

Das Risiko, daß der eine oder der andere Leser dieses Briefwechsels Nöte kennenlernt, die ihm bisher unbekannt waren, müssen wir eingehen. Wir halten es für ungleich geringer als das Risiko, daß Leidende, die diesen sprachlosen Hilfeschrei ausstoßen, keine Hilfe erfahren. Die Gefahr, daß Unversuchte in Versuchung geraten, ist kleiner als die, daß Versuchte verzweifeln.

Diese Verzweiflung ist nicht einfach Folge einer repressiven Erziehung, die künstlich Schuldgefühle erzeugt. Das wäre eine zu billige Erklärung. Die Gründe liegen tiefer. Unser Eindruck ist eher der, daß gerade durch die Enttabuisierung der Sexualität der Leidensdruck wächst, und daß die Masturbation, je mehr man sie objektiv als problemlos hinstellt, subjektiv desto mehr zum Problem wird. Obwohl völlig richtig betont wird, daß sie weder zu körperlichen Gesundheitsstörungen noch zu Psychosen führt, bleibt trotzdem oder vielleicht gerade deshalb das Gefühl beschämenden Versagens, das Fehlentwicklungen einleiten kann und das der Betroffene eben erleidet [1]. Trotz aller beruhigenden Argumente ist damit keinem gedient.

Eine unpersönliche Abhandlung aber hilft dem Betroffenen nur wenig. Er kann sich darin in seiner besonderen Lage nur schwer wiederfinden oder jedenfalls nicht so wiederfinden, daß er sich angesprochen fühlt.

Wir vertrauen Ihnen deshalb eine Korrespondenz an. Es ist eine wirkliche Korrespondenz und keine fingierte. Die Briefe von »Ilona« wurden wörtlich so geschrieben. Auch die Briefabstände und Daten sind authentisch. Unsere Antwortbriefe haben wir vor der Veröffentlichung überarbeitet und ergänzt. Die Bücher, auf die wir uns beziehen, sind in der Bibliographie angegeben und werden Ihnen empfohlen, wenn Sie sich ein umfassenderes Bild des Problems verschaffen wollen.

Lediglich gegen Ende des Buches haben wir einige Briefe zusammengefaßt, und natürlich sind auch »Ilonas« Lebensumstände so abgeändert, daß eine Identifizierung unmöglich ist.

Es geht in diesem Buch zunächst nur um diesen einen Menschen, den wir »Ilona« nennen. Sie lebt unter uns. Sie hat das Problem so empfunden. So hat sie Hilfe erfahren. Mehr soll nicht gesagt sein, aber auch nicht weniger.

Warum wir gerade sie ausgewählt haben? Einmal weil sie ein Mädchen ist und uns die überwiegende Anzahl von Briefen, die dieses Problem ansprechen, von Mädchen erreicht. Dabei kommt das Problem der jungen Männer in seiner Besonderheit auch mit zur Sprache, vor allem wenn von »Ilonas« Freunden die Rede ist.

Zum andern haben wir »Ilona« gewählt, weil sie kein besonderer Fall ist, sondern ein psychisch und physisch kerngesundes Mädchen.

Sie hat ihren Weg selbst gewählt. Wir haben sie nur begleitet. Sicher ist es nicht der Weg aller. Jeder Mensch ist unwiederholbar. Gott baut keine Reihenhäuser – auch keine Reihenhäuser seelsorgerlichen Umgangs.

Walter und Ingrid Trobisch

2. Oktober

An die Redaktion der
Zeitschrift N. N.

Ich heiße Ilona D., bin siebzehn Jahre alt und in der Oberprima.

Mein großes Problem ist, daß ich mit meiner Sexualität nicht fertig werde. Ich befriedige meinen Geschlechtstrieb immer wieder selbst, obwohl ich das nicht will. Ich leide darunter, daß ich von diesem Trieb abhängig bin und ihn nicht beherrschen kann. Wie kann ich das praktisch lernen?

Ich bin Christin und weiß, daß Gott mir meinen Geschlechtstrieb gegeben hat. Ich habe schon oft darum gebetet, diese Gabe richtig anzuwenden, d. h. Geduld zu haben und meine Kräfte auf andere Dinge zu konzentrieren. Aber der Trieb ist scheinbar immer stärker. Ich habe Angst, weil ich ihm jetzt immer nachgebe, auch für später, vielleicht in der Ehe, irgendwelchen Schaden zu nehmen.

Bis vor einem halben Jahr wußte ich gar nicht, daß sich Mädchen auch selbst befriedigen können. Ich habe es in einem Aufklärungsbuch gelesen und aus Neugier ausprobiert.

Das Schlimme ist, daß die Selbstbefriedigung oft Ausgleich für mich ist, wenn ich keine Lust zu

Schularbeiten habe oder aus irgendeinem Grunde verstimmt bin. Zwar hilft mir die Selbstbefriedigung darin auch nicht, sondern macht mich nur noch lustloser, verstimmter und unbefriedigter. Ich sage mir das auch immer wieder. Trotzdem mache ich es. Bin ich krank? Bin ich abnormal?

Ich merke manchmal, daß ich mich auch auf anderen Gebieten schlecht zusammennehmen kann, etwa beim Essen. Essen ist für mich auch Ausgleich für schwere Schularbeiten, keine Lust oder so.

Können Sie mir irgendwie raten wie ich einen anderen sinnvollen Ausgleich finden kann, wie ich lernen kann, mich und meine Bedürfnisse unter Kontrolle zu bekommen?

Vielen Dank, daß ich an Ihre Zeitschrift schreiben konnte.

18. Oktober

Sehr geehrtes Fräulein D.!

Ihr Brief wurde meiner Frau und mir weitergeleitet mit der Bitte um Beantwortung. Wir müssen schon sagen: Sie haben Mut, einen solchen Brief an die Redaktion einer Zeitschrift zu schreiben. Aber gerade Ihr Mut gibt uns Hoffnung auf ein fruchtbares Gespräch. Denn ein Gespräch wird es schon werden. Mit einer einzigen Antwort wird es nicht getan sein. Auch gibt es keine vorfabrizierte Antwort, die wir in der Tischschublade bereit haben und die sich auf alle anwenden ließe.

Wir müssen uns erst in Sie hineindenken und hineinfühlen. Dazu wäre es gut, wenn Sie uns noch etwas mehr von sich erzählen würden, von Ihrem Familienleben, von Ihren Eltern und Geschwistern, falls Sie welche haben. Gehören Sie einem Jugendkreis an? Haben Sie eine gute Freundin? Einen Freund? Alle diese Dinge müssen wir miteinander bedenken. Je konkreter Sie uns Ihre Situation beschreiben, um so besser können wir Ihnen helfen. Wir wissen wohl, daß dazu ein ziemlicher Vertrauensvorschuß gehört. Vielleicht hilft es Ihnen, wenn wir Ihnen sagen, daß wir zwanzig Jahre verheiratet sind und fünf Kinder haben.

Heute nur so viel: Sie sind nicht krank! Ihr Brief macht uns den Eindruck eines ganz normalen, gesunden Mädchens. Außergewöhnlich ist höchstens Ihre Wachheit und Ihre Ehrlichkeit mit sich selbst. Die Selbstbefriedigung ist keine Krankheit. Sie ist ein Symptom, ein Anzeichen dafür, daß ein tieferliegendes Problem vorhanden ist. Sie deuten das in Ihrem Brief auch sehr fein an und wir freuen uns, wie gut Sie in sich hineingehorcht haben. Das tiefere Problem ist meist gar kein sexuelles. Nur das Anzeichen dafür hat eine sexuelle Form.

Meist liegt ein tiefes Unzufriedensein mit sich selbst und mit dem eigenen Dasein zugrunde, das für den kurzen Augenblick der Lust überwunden werden soll. Aber es gelingt nicht. Die erwünschte Befriedigung tritt nicht ein. Die »Selbstbefriedigung« ist ganz gewiß keine Befriedigung. Sie heißt nur so. Das haben Sie ja auch selbst erfahren, wenn Sie versuchten, durch diese kurze Lust von Unlust und Verstimmung Abstand zu gewinnen.

Aber gerade in dieser Tatsache, daß hinterher das Unbefriedigtsein stärker ist als vorher, liegt der Anreiz zur Wiederholung, der Keim zum nächsten Mal. Dadurch entsteht der Teufelskreis: Je unbefriedigter Sie sind, um so größer ist die Versuchung, und je mehr Sie ihr nachgeben, um so unbefriedigter werden Sie. Die Fesseln fassen fester je mehr Sie daran rütteln. Schließlich drehen Sie sich nur noch um die eigene Achse und landen in einer Sackgasse.

Damit ist schon angedeutet, in welcher Richtung die Hilfe liegen wird. Je mehr Sie von sich wegkommen, sich für andere einsetzen, von anderen Interessen gefangen nehmen lassen, um so weniger werden Sie sich um die eigene Achse drehen und um so geringer wird die Versuchung werden.

Wir glauben nicht, daß Sie sich um Ihre künftige Ehe Sorgen machen müssen. Allerdings ist Ihre Sorge auch nicht so ganz unbegründet. In Ehegesprächen, bei denen die Frau über Gefühlskälte klagt und darüber, daß sie nie einen Höhepunkt erreicht, stellt sich nicht selten heraus, daß sie vor der Ehe sehr lange und sehr häufig masturbiert hat. Vielleicht können wir Ihnen in einem späteren Brief diese Zusammenhänge einmal erklären.

Nach einem halben Jahr, in dem es vermutlich auch noch nicht einmal sehr häufig vorkam, kann eine solche Gewöhnung kaum entstanden sein. Immerhin ist es gut, wenn wir miteinander beginnen, daran zu arbeiten, daß keine Gewöhnung daraus wird.

Beten ist stets dann eine Hilfe, wenn darin eine Gemeinschaft mit Gott erfahren wird. Es gibt jedoch ein verkrampftes Beten, das sich nur an einem Punkt festkrallt. Diese Art von Beten hilft nicht, weil sie dazu verführt, sich kämpfend mit diesen Gedanken einzulassen. Da ist es so ähnlich wie beim Autofahren in der Nacht: Wenn Sie vor lauter Angst, daß Sie mit dem entgegenkommenden Fahrzeug zusammenstoßen, ständig in seine Lichter starren, dann fahren Sie mit großer Wahrscheinlichkeit direkt hinein . . .

28./29. Oktober

Sehr geehrtes Ehepaar T.!

Zuerst möchte ich mich einmal ganz herzlich für Ihren Brief bedanken. Jedesmal, wenn mir Ihr Brief in den vergangenen Tagen einfiel, überkam mich ein Gefühl der Freude: Jetzt bist du nicht mehr allein mit deinem Problem.

Ich hatte erwartet, daß mir eine anonyme Fragenkastentante antwortet. Nun aber bekam ich einen Brief von einem Ehepaar, und das hat mich besonders gefreut.

Ich hatte eigentlich nur eine Angst: daß die Antwort das wiederholen würde, was man heute überall lesen kann: »Mach' nur ruhig weiter! Es ist vollkommen unschädlich und vielleicht sogar ganz gut zur Einübung der Sexualität.« Ich weiß, daß mir das nicht geholfen hätte, denn es steht im Widerspruch zu einer inneren Stimme, die in mir spricht, und hätte meinen Konflikt nur vertieft.

Daß Sie das also nicht gesagt haben, war die erste Hilfe in Ihrem Brief. Die zweite war, daß Sie keine Patentlösung anbieten, sondern mit mir »arbeiten« wollen. Dazu bin ich bereit.

Der »Vertrauensvorschuß« fällt mir dabei nicht schwer, denn ich kenne Sie schon von anderen Büchern. Vor allem beim Lesen von »Ich liebte ein Mädchen« habe ich oft gedacht: Wenn Du nur auch einmal so offen mit jemandem über sexuelle Fragen sprechen könntest. Nun kann ich es sogar mit Ihnen selbst tun!

Das Verhältnis zu meinen Eltern ist schwer zu beschreiben. Als Geschäftsmann ist mein Vater selten zu Hause. Auch wenn er daheim ist, sprechen wir kaum allein miteinander. Sicher meint er es von Herzen gut und sorgt für uns. Als ich klein war, durfte ich oft auf seinem Schoß sitzen. Aber in den letzten Jahren hat er mich nie mehr angerührt. Manchmal meine ich, er habe Angst davor. Verstehen Sie mich nicht falsch: Wir sind uns nicht böse. Ich kann nicht sagen, daß ich eine schlechte Beziehung zu meinem Vater habe. Eher würde ich sagen: Ich habe keine. Er ist mir fern.

Weil mein Vater meist verreist war, lag unsere Erziehung fast ausschließlich bei meiner Mutter. Ich habe noch zwei Brüder und eine Schwester. Wir wurden sehr streng erzogen und durften längst nicht so viel wie andere Kinder aus unserer Klasse. Das gab uns oft das Gefühl, daß wir irgendwie anders seien als andere. Gespielt wurde bei uns zu Hause kaum. Dagegen kümmerte sich meine Mutter intensiv um unsere Schularbeiten und drängte immer wieder, daß wir fleißig wären. Das wirkte auf uns oft als Zwang. Wenn wir nach ihrer Meinung nicht genug für eine Klassenarbeit getan hatten und eine »schlechte« Note schrieben, gab es ein großes Donnerwetter. Eine gute Note aber wurde als Selbstverständlichkeit hingenommen, und wir wurden selten gelobt.

Die einseitige Betonung der Schule führte immer wieder zu Auseinandersetzungen mit meiner Mutter. Wenn ich mit anderen jungen Menschen zusammensein wollte, mußte ich es immer mehr oder weniger heimlich tun. Ging ich in den Jungendkreis oder in den Chor – ich singe sehr gern – hieß es immer: Kannst Du Dir das leisten, jetzt, vor der Schularbeit? In letzter Zeit ist das allerdings besser geworden und ich habe mehr Freizeit. Kürzlich durfte ich an einem Wochenende eine Freizeit leiten und merkte zum ersten Mal, welch großen Spaß mir so etwas macht.

Ich habe viele Freundinnen. Mit einer bin ich besonders verbunden. Auch mit meiner Schwester verstehe ich mich gut. Wir sagen uns vieles, was meine Eltern nicht unbedingt wissen.

Einen Freund? Ach! Ich weiß gar nicht, ob ich das mit ja oder nein beantworten soll. Ich glaube, nein, weil alles gerade zu Ende gegangen ist. Wir lernten uns bei einer befreundeten Familie kennen. Ich zögerte sehr, denn mein erster Freund aus der Tanzstunde hatte mich sitzen lassen, und seitdem hatte ich Angst, etwas Neues anzufangen. Aber ich nahm dann doch Martins Einladung zu einem Spaziergang an. Der dritte oder vierte Spaziergang endete dann damit, daß er mich auf einer Bank umarmte und küßte. Das war das erste Erlebnis solcher Art und ich machte gar keinen Versuch, ihn abzuwehren, da ich so etwas mir so sehnlich gewünscht hatte.

So folgte eine schöne Zeit, in der wir oft zusammen waren – meine Mutter meinte zu oft – und über alles sprachen, was uns bewegte. Natürlich blieben Küsse und Umarmungen nicht aus. Rückblickend erkenne ich jetzt, daß sie sogar eine sehr große Rolle spielten. Weiter sind wir nicht gegangen.

Nach den Sommerferien drängten sich andere Dinge in den Vordergrund, und ich mußte mir eingestehen, daß meine Zuneigung zu ihm mehr und mehr schwand. Als er das merkte und mich bat, ihm die Wahrheit zu sagen, konnte ich diese Tatsache nicht länger verschweigen. Mir tat das nachträglich auch nicht leid. Nur um ihn tat es mir leid. Denn für ihn war die Trennung sehr schwer. Ich glaube, er hat für mich von vornherein mehr gefühlt als ich für ihn. Ich kann meinen Entschluß aber nicht rückgängig machen. Ob ich ihm sonst irgendwie helfen kann?

Damit komme ich auf etwas, das für mich bis heute ein großes Problem geblieben ist: Es fällt mir sehr schwer, ganz ungezwungen mit Jungen zusammen zu sein. Ich gehe in ein Mädchengymnasium und bin hauptsächlich mit Freundinnen zusammen. Mit meiner besten Freundin tausche ich sogar Zärtlichkeiten aus. Ist das verkehrt?

Das ganze Fragen nach sexuellen Dingen fing bei mir praktisch erst in diesem Jahr an, noch ehe ich Martin kennenlernte. Ich hatte mir vorgenommen, das Buch von Horst Wrage »Mann und Frau« näher anzusehen. Dabei stieß ich auf den Hinweis der Selbstbefriedigung bei Mädchen. Es hieß dort, daß die Selbstbefriedigung eine »übliche« Erscheinung sei und heute bei beiden Geschlechtern fast regelmäßig vorkomme und in der gesunden Entwicklung eine Stufe sei, die man in späteren Jahren »von selbst« hinter sich ließe. Krankhaft sei nur eine weit über das Maß hinausgehende Häufigkeit. Körperliche oder seelische »Schäden« entstünden nicht [2].

Das Gefühl, das entsteht – beim Jungen durch Berühren des Gliedes, beim Mädchen durch die Berührung der Schamspalte »mit Druck auf den Kitzler« – war dort auch beschrieben: »Ein eigenartiges, angenehmes, mildes bis prickelndes Jucken«[3].

Aus reiner Neugier probierte ich es aus. Das schöne Gefühl, das sich ergab, wollte ich öfter haben – auch das stand im Buch –, und so kam es dazu, daß ich es auch öfter machte.

Allerdings gab es in dem Buch ein Allerdings: »Allerdings« – so hieß es – »sollen sich die Jugendlichen im klaren sein, daß sich hinter der Selbstbefriedigung und ihren Motiven leicht eine Fehlentwicklung verbergen kann, die immer dann anzunehmen ist, wenn es zu einer inneren Abhängigkeit von der Selbstbefriedigung kommt und sie ebenso wenig beherrscht werden kann wie bei anderen das Drängen nach Geschlechtsverkehr aus Gründen des eigenen Wohlbefindens« [4].

Also doch ein »seelischer Schaden«? So fragte ich mich. Auf S. 164 war dann auch tatsächlich von einem Schaden die Rede. Es könne zu einer »Verhaftung an diese Form des Erregungsablaufes« kommen, wenn er »über sehr lange Zeit« beibehalten werde und damit könne es zu »Schwierigkeiten für den eigentlichen Geschlechtsverkehr« kommen. Deshalb stellte ich Ihnen die Frage nach den Auswirkungen auf die Ehe. Zwar war das in bezug auf das Petting gesagt. Aber der »Erregungsablauf« ist ja der gleiche, nur daß beim Petting eben zwei miteinander tun, was jeder bisher für sich allein tat.

Nun, das Problem schien sich zunächst bei mir zu lösen, als die Freundschaft mit Martin anfing. In dieser Zeit hatte ich nie das Bedürfnis, es zu tun. In und nach den Sommerferien fing ich wieder an. Ich fürchte, es war doch häufiger als Sie nach meinem ersten Brief annehmen, und das »Maß« wurde immer voller. Ich spürte, wie genau das eintrat, wovor das Buch warnte: Allmählich wurde ich immer abhängiger und fürchtete, daß ich mich bereits in einer Fehlentwicklung befinde. Deshalb schrieb ich an die Zeitschrift.

Immer wenn ich es getan habe, spüre ich für ein paar Tage überhaupt kein Bedürfnis. Dann plötzlich fällt es mir wieder ein, besser vielleicht: fällt es in mich ein wie eine fixe Idee, von der ich dann nicht loskomme.

Sie schrieben das Beispiel vom Autofahren. Mir ist es inzwischen auch klargeworden, daß es bei den Gedanken anfängt, die sich damit beschäftigen. Nur: Das Starren in die entgegenkommenden Scheinwerfer liegt nicht in meiner Hand. Mein Blick wird gehalten. Die »fixe Idee«, ich könnte es eigentlich mal wieder machen, überfällt mich buchstäblich. Wie komme ich von ihr los? Was ist es eigentlich, was ich da zu stillen versuche? Ist es der sexuelle Trieb? Aber sieht der nicht anders aus?

Ich habe schon alles Mögliche versucht, konzentriertes Lernen oder so, aber nach ein paar Stunden ist die fixe Idee wieder da, und um sie loszuwerden gebe ich nach. Auch habe ich bemerkt, daß ich es gern tun will bzw. tue nach Klassenarbeiten, wenn ich total kaputt bin und froh, daß ich alles gut hinter mir habe oder auch, wie ich schon schrieb, während der Hausaufgaben, wenn ich keine Lust dazu habe oder nicht weiterkomme, dann onaniere ich. Woher kommt eigentlich dieses Wort? Sie sprechen von »masturbieren«. Ist das dasselbe?

Oberflächlich gesehen ist die Selbstbefriedigung für mich etwas »Schönes«, das ich erleben möchte. Im Grunde aber belastet sie mich sehr, denn jedesmal, wenn ich wieder nachgegeben habe, habe ich ein riesiges Schuldgefühl. Das ist für mich um so unerklärlicher, als es mir kein Mensch verboten hat. Im Gegenteil, das Buch von Wrage, in dem es auch als sinnvolle »Einübungsstufe« bezeichnet wird, hätte mir eher jedes Schuldgefühl nehmen sollen. Trotzdem ist es da. Woher kommt es?

Sie sprechen von Interessen, die einen gefangen nehmen. Ich habe eigentlich nichts, was mich ganz ausfüllt. Alles interessiert mich ein wenig – das zeigt auch mein Zeugnis –, aber nichts fesselt mich ganz. Ob hier eine Wurzel meines Problems liegt? Ich glaube, der Brief ist erst mal lang genug. Ich hoffe, daß Sie durchsteigen und danke Ihnen fürs Zuhören.

4. November

Liebe Ilona D.!

Ja, das glauben wir auch: Die Unfähigkeit, sich ganz fesseln zu lassen, sich ganz hineinnehmen zu lassen in eine Aufgabe, das ist sicher eine entscheidende Wurzel Ihres Problems. Weil Sie nichts ganz fesselt, entsteht ein leerer Raum in Ihrem Leben, den Sie auf diese vergebliche Art auszufüllen versuchen.

Es ist schon der Trieb, den Sie stillen wollen, aber auf einer noch unausgereiften Stufe. Deshalb »stillen« Sie ihn letztlich doch nicht auf diese Weise. Denn er will ein Wort sein, wenn er reif ist, ein Wort, das jemand anredet. Er will sich auf ein Du richten. Er will sprechen.

Sie aber richten ihn auf sich selbst zurück. Dadurch halten Sie gewissermaßen seinen Reifungsvorgang auf. Er ruft ins Leere und ein Schweigen antwortet ihm und so ruft er immer wieder neu vergeblich bis er selbst ein Ausdruck des In-sich-Hineinschweigens wird, eine stumme Lust. Dieses Fehlen der Sprache[5]empfinden Sie undeutlich, wenn Sie fragen: Sieht der Trieb nicht anders aus?

Das Herz bleibt ungestillt. Sie werden kein Mitmensch. Als Sie ein Gegenüber hatten in Martin, war alles wie weggeblasen, und auch auf jener Freizeit, in der Sie ganz ausgefüllt waren und in sich neue Fähigkeiten entdeckten, war der Trieb »gestillt« auf einer anderen Ebene, auf der des Herzens. Das ist das einzige Mal, daß es durch Ihren Brief hindurchklingt, daß Ihnen etwas Freude machte. »Spaß« nennen Sie es. Zu tun, was Ihnen »Spaß« macht, ist die beste Waffe gegen die »fixe Idee«, die Sie so in die Zange nimmt. Sie sollten sich ganz einfach öfter erlauben, etwas zu tun, was Ihnen Spaß macht.

Diese Möglichkeit wurde Ihnen durch Ihre Erziehung zu sehr beschnitten, vor allem durch die zu strenge Mutter, so gut sie es auch gemeint haben mag. Sie empfanden die Mutter als jemanden, der seinen Willen durchsetzt, ohne Wärme, ohne Geborgenheit zu geben und machten so die Erfahrung, daß Ihre Liebe zu ihr nicht auf Gegenliebe stieß oder jedenfalls nicht genug, um Ihnen das Gefühl des Geliebtwerdens zu vermitteln und so Ihre innerste Sehnsucht zu befriedigen. Könnte es sein, daß Sie nun – unbewußt – in der Selbstbefriedigung einen Ausweg suchten? Etwa so: Hier brauche ich endlich mal die Mutter nicht dazu! Hier bin ich nicht auf Gegenseitigkeit angewiesen. Hier kann ich endlich mal Befriedigung erlangen – unabhängig von ihr! Hier habe ich es nur mit mir selbst zu tun. Sie wollten sich gewissermaßen die Ihnen entzogene Freiheit ersetzen und sich selbst immer wieder neu Ihre Eigenständigkeit beweisen[6]. Meinen Sie, daß sich so etwas in Ihnen abgespielt haben könnte? Oder tasten wir ganz daneben?

Wir haben die Frage nach der Beziehung zu den Eltern ganz bewußt gestellt, weil die Selbstbefriedigung beim Mädchen vorwiegend etwas mit seiner Beziehung zur Mutter zu tun hat. Je mehr ein Mädchen seine Mutter als unfreundlich, kühl, distanziert, vielleicht auch egozentrisch empfindet, um so häufiger ist ihre Versuchung zu masturbieren.

Die Beziehung zum Vater ist auch wichtig für die sexuelle Entwicklung der Tochter, aber sie kommt erst später zum Tragen beim sexuellen Erleben in der Ehe. Ein Vater muß seiner Tochter vor allem das Gefühl geben, daß sie sich auf ihn verlassen kann. Übrigens erreicht er das gerade nicht dadurch, daß er ihr alles erlaubt, sondern im Gegenteil eher durch Strenge und indem er ihr klare Regeln gibt. Selbst wenn sie rebelliert, bleibt in ihr doch das Gefühl zurück: Er kümmert sich um mich, auf ihn kann ich mich verlassen. Darum wird es ihr dann auch nicht schwerfallen, wenn sie einmal heiratet, ihrem Mann ebenfalls Zuverlässigkeit zuzutrauen und sich ihm ganz hinzugeben. Das wirkt sich dann positiv auf ihr sexuelles Erleben aus[7].

Aber sehen Sie: Ihre Beziehung zum Vater ist, so scheint uns, nicht gestört, sie ist nur nicht entwickelt. Und auch die Beziehung zur Mutter ließe sich vielleicht wandeln. Überhaupt sind in Ihrer Situation alle Möglichkeiten der Hilfe vorhanden. Alles liegt gewissermaßen da wie unbehauene Steine im Atelier eines Bildhauers. Sie müssen das Material nur gestalten. Wenn uns andere wegen Masturbation schreiben, dann sind es oft Einzelkinder oder

Menschen, bei denen ein Elternteil oder gar beide aus irgendeinem Grunde ausfielen oder versagten, Menschen ohne Zuhause, ohne Freundeskreis, einsam und völlig kontaktarm. Da ist es schon schwieriger zu helfen, obwohl auch da meist noch unbehauene Steine im Atelier herumliegen, die es aufzufinden und zu bearbeiten gilt.

Sie aber sind nicht kontaktarm. Sie haben Eltern, die Sie im Grunde lieben, haben Geschwister, viele Freundinnen und sogar eine besonders gute! Und noch dazu einen Kreis, für den Sie Verantwortung tragen und an dem Sie Freude haben!

Wir würden also sagen: Unbedingt in den Kreis gehen und darin aufgehen, am Chor teilnehmen und aus voller Kehle singen, solange es Ihnen Freude macht. Spielen Sie auch ein Instrument? Haben Sie ein Lieblingsspiel? Wie steht es mit Theater? Sport? Tanz? Und wenn die Mutter fragt, ob Sie sich das »leisten« können, dann sagen Sie, Sie könnten das nicht nur, sie müßten es sich geradezu leisten, weil Sie sonst in der Schule nichts leisten könnten. Zeigen Sie Ihrer Mutter doch Ihre Unabhängigkeit durch diesen positiven Widerspruch anstatt zu masturbieren! Und meinen Sie nicht, Sie könnten einmal ein gutes Gespräch mit der Mutter haben und sagen: »Laß mich doch mal ganz allein backen oder kochen oder irgend etwas im Haushalt in eigener Verantwortung übernehmen!«? Dann brauchten Sie den Ersatz der Selbstbefriedigung nicht und könnten sich auf eine schöpferische Weise Ihre Unabhängigkeit bestätigen.

Und auch der Vater ist doch da und hat Sie lieb! Gehen Sie ihm doch mal von sich aus entgegen, wenn er heimkommt von einer Geschäftsreise, schmiegen Sie sich an ihn und geben Sie ihm einen Kuß! Hielten Sie es für ganz abwegig, ihm zu sagen: »Streich mir doch mal übers Haar, ich hab' das so gern?« Oder: »Komm heut abend doch noch mal rein und sag mir gute Nacht so wie früher!« Machen Sie ihm doch etwas Mut! Ich könnte mir denken, daß er im geheimen nur darauf wartet.

Ja – und dann Ihre Brüder! Die können Ihnen wahrscheinlich am meisten helfen, die Befangenheit zum anderen Geschlecht zu überwinden. Allerdings liegt in dieser Befangenheit auch etwas Gutes, Natürliches, genauso wie es gut und natürlich ist, daß Sie den Drang haben, mit Ihrer besten Freundin Zärtlichkeiten auszutauschen. Damit Sie sich sowohl in der Befangenheit dem anderen Geschlecht gegenüber wie auch in der Unbefangenheit dem eigenen gegenüber besser verstehen, möchten wir Ihnen etwas erklären.

Wir gehen alle in unserer Entwicklung durch drei Phasen – die eine, in der wir in uns selber verliebt sind, die andere, in der wir uns mehr zum eigenen Geschlecht hingezogen fühlen und schließlich die dritte, in der wir fähig werden zu der schweren Begegnung mit dem anderen Geschlecht.

Durch die erste Phase sind wir schon einmal gegangen, ehe wir fünf Jahre alt waren und treten noch einmal in sie ein am Beginn der Pubertät[8].

In diese Phase gehört das Erlebnis des Verliebtseins hinein, bei dem wir unser eigenes Bild in den anderen hineinprojizieren, also im Grunde nur uns selber suchen. Finden wir uns eines Tages nicht mehr in ihm, wenden wir uns enttäuscht ab. Das hat sich wahrscheinlich in Ihrem Verhältnis zu Martin vollzogen. In Wahrheit haben Sie ihn nicht geliebt, sondern nur sich selbst und seine Küsse und Umarmungen genossen. Deshalb nennt man diese Phase auch die auto-erotische Phase. Das Wort »Auto« kennen Sie ja. »Autos« ist das griechische Wort für »selbst«. Eros ist ein griechisches Wort für Liebe.

Die Selbstbefriedigung oder Onanie oder Masturbation kann ein körperlicher Ausdruck dieser ersten Phase sein. Sie sagen also, wenn Sie masturbieren: Ich bin noch unreif. Ich bin noch in dieser ersten Phase drin.

Alle drei Worte meinen übrigens dasselbe. Die Bezeichnung »Onanie« geht auf die Geschichte von Onan zurück, von dem es heißt, daß er seinen Samen auf die Erde fallen ließ. (1. Mose 38,9) Allerdings ist das eine falsche Auslegung dieser Bibelstelle, denn es handelt sich dabei nicht um Selbstbefriedigung, sondern um den vorzeitigen Rückzug des Gliedes vor dem Samenerguß beim Geschlechtsverkehr.

Onan wurde aber nicht etwa deshalb bestraft, sondern weil er sich weigerte, der Frau seines verstorbenen Bruders Nachkommen zu schaffen, wozu er nach mosaischem Gesetz verpflichtet war. Dabei tat er aber durch die Heirat äußerlich so, als erfülle er dieses Gesetz. Er war also ein Heuchler. Das war seine Sünde, nicht die Selbstbefriedigung. Diese wird überhaupt in der Bibel nirgends direkt erwähnt.

In der wissenschaftlichen Literatur gebraucht man meist das Wort »Masturbation«, was möglicherweise mit dem lateinischen Wort »manus« (Hand) zusammen hängt. Uns wäre es das Liebste, wir würden in unserem Briefwechsel ab jetzt einfach M. sagen.

Die auto-erotische Phase wird abgelöst durch die homo-erotische Phase. »Homoios« heißt: gleich. Es ist die Zeit der tiefen Freundschaften zwischen zwei Jungen oder zwei Mädchen. Das hat nichts mit Homosexualität zu tun. Es ist eine gute und notwendige Übergangsphase, in der eins gelernt wird: Liebesgefühle auszudrücken und sich ihrer zu erfreuen, ohne daß das seelische Sichhingezogenfühlen in einer sexuellen Handlung Ausdruck findet.

Deshalb ist Ihre beste Freundin jetzt vielleicht der wichtigste Mensch für Sie, und Sie sollten sich nicht scheuen, mit ihr auch Zärtlichkeiten auszutauschen. Je bewußter Sie die zweite Phase durchlaufen, um so eher werden Sie aus der ersten herauskommen und für die dritte bereit werden.

Viele junge Menschen überspringen heute die zweite Phase. Sie sind noch in der ersten steckengeblieben und lassen sich schon in sexuelle Handlungen mit dem anderen Geschlecht ein. Ein häufiger Ausdruck dafür ist das sogenannte Petting, das eigentlich eine Art gegenseitiger Masturbation ist. Das haben Sie ganz richtig erkannt. Keiner von beiden ist innerlich auf das Du ausgerichtet, jeder liebt im Grunde sich selbst und benutzt den anderen, um sexuell befriedigt zu werden.

Dadurch hindern sie sich selbst, reif zu werden für die »hetero-erotische« Phase, für die wirkliche Begegnung mit dem anderen Geschlecht (heteros ist das griechische Wort für »anders«). Diese Begegnung ist schwer. Uns befällt Angst vor dem Anderssein des andern. Das erklärt Ihre Befangenheit in Gegenwart von Jungen.

Es ist eine gute, Ihrer Entwicklung entsprechende Befangenheit. Noch sind Sie nicht fähig, die Angst zu überwinden, obwohl Sie es eines Tages durch den Umgang mit Ihren Brüdern leichter haben werden als andere Mädchen. Im Augenblick können Sie dieser Befangenheit, die ja auch ein Schutz ist, nur standhalten und – warten.

Irgendwie sind alle drei Phasen in Ihnen schon gegegenwärtig. Die letzte klingt schon an. Die zweite sollten Sie bewußt durchleben. Aus der ersten aber sollten Sie allmählich herauswachsen. Wenn Sie innerlich abhängig werden von M. heißt das, daß Sie auf dieser Stufe stehen bleiben und das wäre dann eine Fehlentwicklung.

Das Wachsen von Stufe zu Stufe geschieht nur so, daß Sie lernen, sexuelle Spannungen zu ertragen, ohne sie sofort in Lust umsetzen zu müssen. Dadurch werden Kräfte frei, die Sie brauchen, um reif zu werden. Das ist die Kunst. Kunst kommt von Erkennen. Erkenntnis aber will erarbeitet sein. Hier beginnt also die »Arbeit«. Ihr Ziel ist die Entwicklung des Willens, das Sichanerziehen von Beharrlichkeit und Durchhaltevermögen und die Überwindung des kindlichen, egoistischen Luststrebens. Nicht verdrängen sollen Sie also den Wunsch und so tun, als hätten Sie ihn nicht oder ihn durch irgendeine Aktivität überspielen, sondern Sie sollen ihn sich eingestehen: »Ich habe jetzt diesen Wunsch.« Und dann sollen Sie ganz bewußt auf seine Erfüllung verzichten, um daraus eine viel tiefere Befriedigung zu empfangen als durch das Nachgeben. Verstehen Sie den Unterschied zwischen Verdrängen und Verzichten?

Sie fragen, woher das unerklärliche Schuldgefühl kommt. Merkwürdigerweise haben es Nichtchristen genau so wie Christen. Einmal kommt es wohl daher, daß sie im tiefsten Grund wissen – im »Gewissen« wissen –, daß die Sexualität uns für die Kommunikation gegeben ist, und daß M. diesem Sinn nicht entspricht.

Zum anderen kommt das Schuldgefühl von einer inneren Stimme, die sagt: Du hättest die Möglichkeit gehabt zu verzichten – und du hast sie nicht genutzt. Du hast die Unlustspannung bei den Hausaufgaben nicht ertragen, sondern bist ihr ausgewichen. Du hast den bequemeren Weg, den des geringsten Widerstandes gewählt. Sich der Auseinandersetzung zu entziehen, ist Lebenslüge. Ihr

Schuldgefühl klagt Sie an, Ihrer eigenen Reifung im Wege zu stehen.

Der Weg des Verzichtes ist der unbequemere Weg. Er ist auch ganz unzeitgemäß, denn in unserer Zeit ist alles darauf aus, Lust auszuleben, Spannungen abzubauen, Leiden zu vermeiden. Der Preis, der dafür bezahlt wird, ist das Steckenbleiben in der Unreife, im Autoerotismus.

Wir verlangen von Ihnen also nichts weniger, als daß Sie gegen den Strom schwimmen. Aber wir wissen auch, daß Ihnen letztlich nur geholfen wird durch die Gewißheit: Ich kann verzichten, wenn ich will. Ich bin nicht mehr abhängig. Ich bin der »fixen Idee« nicht mehr wehrlos ausgeliefert. Ich bin ausgebrochen aus der Ichumklammerung.

Sie fragen, ob Sie Martin noch helfen können. Am meisten haben Sie ihm schon dadurch geholfen, daß Sie ihm nichts vorspielten. Er muß allein mit dem Schmerz fertig werden, und gerade daran wird er wachsen.

Wachstum ist immer mit Schmerz verbunden, Ilona. Wir wünschen Ihnen die Kraft, ihm nicht auszuweichen. Das Wachsen und das Schmerzen hört übrigens auch in der Ehe nicht auf. Um Ihnen das deutlich zu machen, schicken wir Ihnen unser Buch »Heiraten – warum nicht«? Denn nur vom Ziel her kann sich alles klären.

11. November

Liebes Ehepaar T.!

Danke, daß Sie mich mit Vornamen angeredet haben. Sie können mich auch gern mit Du anreden. Ich bin ja noch ein Kind.

Über Ihren Brief und das beigelegte Buch habe ich mich ganz tüchtig gefreut. Es hat mir ganz neuen Mut für meine künftige eigene Ehe gegeben. Besonders hat mir daran gefallen, daß Sie auch eigene Schwierigkeiten beschreiben und ich ahne, was Sie meinen mit Wachsen unter Schmerzen und der schweren Begegnung mit dem Anderssein des anderen.

Übrigens gab Ihr letzter Brief Anlaß zu einem kleinen Intermezzo. Meiner Mutter war das Päckchen mit dem Buch und Ihre Briefe natürlich aufgefallen und nun wollte sie wissen, was es damit auf sich hat. Ich konnte ihr aber unmöglich vom Anlaß unseres Briefwechsels etwas sagen und so entstand eine Spannung, die ich aber nur schwer ertragen kann. Daran merke ich, wie sehr ich doch noch von meiner Mutter abhängig bin. Ich kann mir gut vorstellen, daß Sie recht haben: M. ist bei mir auch ein Stück Trotz gegen die Mutter, ein Stück Flucht vor ihr in etwas Eigenes. – Merkwürdig, daß Sie gerade das

Kochen und Backen erwähnen. Genau das hat mir meine Mutter nie gestattet. Zu Hilfsdiensten wurde ich herangezogen. Aber in eigener Verantwortung durfte ich nichts übernehmen.

Zum Glück hat sie den Brief nicht aufgemacht. Sie wäre sicher aus allen Wolken gefallen und hätte gemeint, ich sei nicht normal. Mit diesem Wort komme ich übrigens noch nicht ganz klar. Ist nun M. »normal« oder nicht?

Schließlich griff mein Vater ein, und es kam zu einem guten Gespräch mit beiden Elternteilen. Sie verstehen durchaus, daß ich mich mit meinen Problemen jemandem öffne, der außerhalb der Familie steht und meiner Mutter fiel dann schließlich ein, daß sie es früher auch getan hatte.

Mein Vater war ganz besonders lieb und drückte mich ganz von sich aus eng an sich. Daran merkte ich, wie lieb er mich doch hat! Daß er mir »fern« ist, hätte vor 1-2 Jahren noch mehr gestimmt als jetzt und der Abstand, den er zu mir hat, macht übrigens manches auch leichter. Er sieht meinen Alltag mit anderen Augen und hilft mir, objektiver zu sein. Ja, er ist auch »streng« und das mag ich gerne. Was aber machen Mädchen, die gar keinen Vater haben?

Nun kommt etwas Schweres: Zum ersten Mal, seitdem ich mit Ihnen korrespondiere, ist M. wieder passiert – am letzten Freitag. Ich war so wütend auf mich selbst, daß ich es gleich dreimal hintereinander gemacht habe. Ich habe gar nicht erst versucht, zu widerstreben, weil ich mir keine Kraft zutraute.

Der Unterschied, den Sie zwischen Verdrängen und Verzichten machen, leuchtet mir ein. Verzichten entspringt einer ganz anderen Haltung. Wenn ich verzichten könnte und nicht verzichte, fühle ich mich schuldig. Aber Sie müssen mir auch abnehmen, daß es Situationen gibt, in denen ich einfach nicht verzichten kann. Der Drang ist so stark, daß ich gar keine Wahl habe. Wenn ich nicht nachgeben würde, würde ein Krampf daraus. M. ist dann einfach nötig.

Bei dieser »nötigen« M. fühle ich mich dann höchstens aus dem ersten Grund schuldig, daß ich den Trieb nicht sinngemäß verwende. Aber nicht aus dem zweiten Grunde, denn ich *kann* gar nicht verzichten. Vielleicht weil ich noch zu unreif bin. Das gebe ich zu. Aber ist Unreife Schuld? Ich finde, M. ist dann wenigstens ein ehrlicher Ausdruck meiner Unreife. Ich fühle mich also schuldig und unschuldig zugleich. Verstehen Sie das?

Ihr Brief brachte mich übrigens auf den Gedanken, mir die Tigergeschichte in Ihrem Buch »Ich liebte ein Mädchen« noch einmal durchzulesen[9]. Ich glaube, jetzt verstehe ich sie erst richtig. Als der Wärter den Tiger aus Angst in den Keller sperrt, »verdrängt« er ihn und der Tiger rumort und brüllt in der Tiefe weiter und läßt ihm keine Ruhe, bis er schließlich in einem unbewachten Moment zuschlägt. Das ist genau der Vorgang bei meiner »fixen Idee«. Als der Wärter aber den Tiger in seine gute Stube läßt und ihm angstlos ins Auge sieht, wird der Tiger sein Freund und legt sich ihm zu Füßen. Dieses Freundwerden mit meinem Trieb ist mir noch nicht gelungen. Deshalb kann ich ihn auch noch nicht beherrschen und verzichten.

Ich möchte das Verzichten aber gerne lernen, denn ich leide doch darunter, daß ich noch nicht reif bin wie ich gerne sein möchte. Deshalb will ich versuchen, ob es mir bis Weihnachten gelingt. Ich möchte einfach die Gewißheit haben: Ich kann verzichten, wenn ich will. Ich bin nicht mehr abhängig. Zwar habe ich mir schon einmal ein solches Versprechen gegeben und war dann tief unglücklich, als ich es mir selbst brach. Aber damals ging es mir noch gar nicht ums Verzichten, sondern ich verdrängte es nur. Außerdem hatte ich Sie nicht als Rückendeckung. Diese Rückendeckung ist mir nämlich sehr wichtig.

Beim Wiederlesen von »Ich liebte ein Mädchen« stieß ich übrigens auf die Stelle, in der Sie François über M. schreiben und ihm ähnliche Ratschläge geben wie mir, um »sein Begehren in ganz neue fruchtbare Bahnen« zu lenken.

Haben Jungen eigentlich die gleichen Schwierigkeiten wie Mädchen? Nicht wahr, ich darf Sie doch alles fragen?

Nein, ein richtiges Hobby habe ich nicht und Sport treibe ich auch nicht. Blockflöte habe ich einmal ganz gern gespielt. Aber wegen der Schule habe ich es wieder aufgegeben. Seit der Tanzstunde habe ich auch nicht mehr getanzt. Ich bin schon ein schwerer Fall! Aber ich bin dankbar, daß ich mit Ihnen beiden in Verbindung kam, ehe ich in eine ausweglose Abhängigkeit geraten bin. Gott hat mich anscheinend trotzdem lieb.

17. November

Liebe Ilona!

Wir reden Sie gern mit Ihrem Vornamen an, den wir übrigens sehr schön finden. Er klingt noch ein wenig zu feierlich und zu ernst für Sie. Aber Sie werden schon noch hineinwachsen. Gerade wegen dieses Wachsens aber möchten wir lieber beim Sie bleiben. Denn wir möchten gerade nicht, daß Sie sich als Kind empfinden, sondern als junges Mädchen und allmählich sogar als eine angehende junge Frau, die eines Tages auf M. zurückblicken wird wie auf eine vergangene Kinderei.

Wir verstehen gut, was Sie mit der »Rückendeckung« meinen, obwohl sich vielleicht auch mit Rückendeckung das Verzichten nicht von heute auf morgen erlernen läßt. Aber wir müssen auch damit rechnen, daß Sie sich eines Tages von unserer Rückendeckung lösen müssen und das ist vielleicht leichter, wenn wir beim Sie geblieben sind, jedenfalls solange ich die Feder führe. Wenn meine Frau Ihnen einmal allein schreiben sollte, wird sie von selber Du sagen.

Wir sind froh, daß Ihre Eltern verständnisvoll auf unsere Korrespondenz reagiert haben und vor allem, daß sie das Briefgeheimnis respektieren. Kinder öffnen sich selten mit intimen Problemen den eigenen Eltern. Auch bei unseren Kindern ist das so und wir können nur hoffen, daß sie außerhalb der Familie Menschen finden, denen sie sich anvertrauen können. Wie schön, daß Ihr Vater Sie in die Arme nahm!

Ja, Mädchen ohne Vater oder mit einem kalten, unbeholfenen Vater haben es nicht leicht. Sie suchen oft bei einem Jungen Ersatz für die entbehrte väterliche Zärtlichkeit. Die Jungen verstehen natürlich nicht, was in einem solchen Mädchen vorgeht und mißbrauchen das Zärtlichkeitsbedürfnis. Daraus entsteht nicht selten ein verfrühter Geschlechtsverkehr, der im Grunde auf einem Mißverständnis beruht. Jedenfalls sind vaterlose Mädchen gefährdeter, sich verfrüht in sexuelle Abenteuer einzulassen.

Das Beste, was einem solchen Mädchen passieren kann, ist, daß es einen vertrauenswürdigen Menschen als Ersatzvater findet. Das ist möglich. Ein Vater läßt sich zur Not ein Stück weit ersetzen. Eine Mutter zu ersetzen ist viel schwerer. –

Und nun macht Ihnen der Begriff des »Normalen«[10]Kopfzerbrechen! Wenn Sie irgendwo lesen, daß M. »normal« sei, so ist damit gemeint, daß sie auf einer bestimmten Reifungsstufe, eben in der auto-erotischen Phase, ein dieser Stufe entsprechender Ausdruck ist oder sein kann. Nicht gemeint ist damit, daß sie eine Norm darstellt, die man erfüllen müsse, um »normal« zu sein! Denn sonst müßten sich ja alle die, die diese Ausdrucksform nicht entdecken oder brauchen, für unnormal halten. Bei

Mädchen schätzt man immerhin, daß das mindestens 40% sind. Diese sind ganz genauso »normal« wie die anderen.

Damit ist schon angedeutet, daß M. bei Jungen im allgemeinen häufiger vorkommt als bei Mädchen. Jungen haben es in der Reifezeit schwerer, mit ihrer Sexualität fertig zu werden. Das hat vor allem biologische Gründe. Es hängt mit den Hormonen zusammen, jenen Wirkstoffen, die der Körper in dieser Zeit zu produzieren beginnt. Keiner ist ja nur Mann oder nur Frau. Auch Männer haben weibliche Hormone und Frauen männliche. Beim Mädchen halten sich weibliche und männliche Hormone in der Reifezeit so ungefähr die Waage und »neutralisieren« sich gewissermaßen gegenseitig. Deshalb ist der Trieb beim Mädchen nicht so ungestüm und leichter zu zügeln. Beim Jungen aber entsteht ein Überschuß an männlichen Hormonen und daher hat es ein Junge relativ schwerer, seine drängende Sexualität zu meistern[11].

Daher gehen fast alle Jungen durch eine Phase von M. und entdecken meistens selbst diese Möglichkeit sexueller Entspannung, oft auch im Zusammenhang mit dem sich von selber vollziehenden nächtlichen Samenerguß. Sie kommen leichter ins Masturbieren hinein als die Mädchen, aber unserer Erfahrung nach auch leichter wieder heraus.

Woran das liegt? Wir wissen es auch nicht genau. Sicher hat es schon einen rein physischen Grund:

Ein Junge verliert ja etwas, wenn er masturbiert, und zwar wertvollste körperliche Stoffe. Er kann es daher nicht pausenlos wiederholen. Ihm sind also Grenzen gesetzt.

Das, was Sie getan haben, die dreimalige Wiederholung – Sie hätten es auch noch öfter tun können – kann ein Junge nicht, jedenfalls nicht so schnell hintereinander. Deshalb ist die Gefahr des Abhängigwerdens für das Mädchen relativ größer.

Wir können gut verstehen, was Sie mit der »Ehrlichkeit« meinen: die Bejahung der eigenen Unreife, aus der heraus Sie dann M. tun. Allerdings nehmen wir Ihnen das nur so lange ab, wie Sie darunter leiden, daß Sie noch nicht so reif sind wie Sie sein sollten oder möchten und solange Sie wissen, daß Sie auch dabei den Trieb seinem Ziel und seinem Wesen entfremden.

Auch müssen Sie ständig aufpassen, daß daraus nicht eine faule Ausrede wird und Sie sich vorsagen, Sie seien noch unreif. Und dabei ist in Wirklichkeit der Druck gar nicht so unerträglich, daß Sie M. »nötig« hätten, um nicht zu verkrampfen. M. ist nur ein Trost, um einem Unlustgefühl auszuweichen, das Sie nicht aushalten wollen. Da liegt die Grenze, wo es unehrlich wird!

Aber bleiben wir zunächst einmal bei Ihrer Unterscheidung einer »nötigen« und »unnötigen« M. Wir würden lieber sagen einer unvermeidbaren »Not-M.«, bei der Sie keine Wahl haben, weil Sie sich überfordert fühlen und die lediglich der Entspannung dient – und einer vermeidbaren »Trost-M.«, auf die Sie verzichten könnten, weil es andere Möglichkeiten gibt, Ihre Unlustgefühle abzureagieren.

Arbeiten wir also zunächst einmal daran, daß die »Trost-M.« nicht mehr vorkommt, gewissermaßen als ein Teilziel. Aber auch bei der »Not-M.« sollten Sie sich immer vor Augen halten, daß es für Ihr Wachsen und Reifen und für die Entwicklung Ihrer Persönlichkeit *noch* »nötiger« ist, zu lernen, dem Druck immer mehr standzuhalten, damit dem Trieb nicht Energien entzogen werden, die er zur Weiterentwicklung »benötigt«.

Nur Sie allein können entscheiden, wann »M.« wirklich unvermeidbar ist und wann nicht. Wir können das nicht beurteilen, denn der Triebdruck ist bei verschiedenen Menschen ganz verschieden stark. Manche haben überhaupt keine »Not-M.« nötig, vor allem sehr viele Mädchen. Andere mehr oder für eine längere Zeit, und wir müssen Sie nun einfach fragen, wie Sie selbst Ihr Erlebnis vom letzten Freitag beurteilen. –

Ja, Gott hat Sie lieb, Ilona. Unbedingt und grenzenlos. Das müssen Sie unbeirrt festhalten, sich daran festhalten. Wir sind froh, wenn Ihnen unsere Briefe ein kleines Zeichen dieser Liebe sind. Aber letzlich stehen Sie mit dieser Erfahrung des Geliebtwerdens allein vor Gott, genau so wie mit der Schulderfahrung. Nicht wir, sondern nur Sie selbst können entscheiden, ob und wann Sie schuldig wurden vor dem Gott, der Sie liebt.

24. November

Liebe Frau T.!

Heute schreibe ich einmal nur an Sie, weil es mir leichter fällt, über etwas ganz Intimes an eine Frau zu schreiben.

Zunächst einmal: Dank für das Teilziel: Das hilft mir, die Angst loszuwerden vor dem Überfallenwerden von der »fixen Idee«. Ich weiß jetzt: Ich »darf«, wenn es wirklich unausweichlich notwendig ist. Ich glaube, schon dieses Wissen wird es viel seltener nötig machen. Zwar weiß ich auch, daß das noch nicht die letzte Stufe der Reife ist. Aber ich brauche deshalb keinen Krampf zu kriegen und keine Angst zu haben.

Dank also, daß ich zunächst nur am Vermeidbaren zu arbeiten brauche!

Mein Verhalten an jenem Freitag beurteile ich jetzt aus dem Abstand heraus so: Ich war wütend auf M., weil ich es nötig hatte, und auch auf mich selbst, daß ich so eine bin, die so etwas nötig hat. Ich hätte mich ohrfeigen können! Das tat ich dann auch in der Form der Wiederholung. Ich schlug gewissermaßen auf den Tiger ein, auf den Tiger in mir und irgendwie auch auf mich selbst in dem Tiger. So sehe ich das jetzt. Daß diese Wiederholung völlig unnötig war, erkenne ich jetzt ganz klar und schäme mich dafür, auch vor Gott. In dem Augenblick aber war ich wie besessen und erkenne daran, wie haarscharf ich an dem Abgrund der Abhängigkeit, ja fast der Sucht, entlangbalanciere und wie schnell ich wieder drin bin.

Um so froher bin ich, daß M. seit dem Freitag, an dem ich es so oft gemacht habe, nicht wieder vorgekommen ist. Und das sind nun schon drei Wochen! So eine lange Zeit bin ich seit den Sommerferien nicht mehr ohne M. ausgekommen. Manchmal ist die Versuchung zwar noch da, aber ich habe die Kraft, sie zu überwinden. Nach einer anstrengenden Klassenarbeit, die wir neulich schrieben, habe ich mich am Nachmittag »belohnt«. Nicht mit M., sondern mit etwas Besserem, nämlich Jugendbücher, die ich gern zwischendurch als Ausgleich lese. M. wurde nicht nötig.

Und nun also meine Frage. Vor kurzem habe ich von M. geträumt, wachte auf und merkte, daß es nur ein Traum war. Aber ich stellte auch fest, daß ich dringend auf die Toilette mußte. Übrigens kann ich mich auch ganz deutlich erinnern, daß ich das schon im Alter von dreizehn oder vierzehn Jahren entdeckt hatte: Ich empfand das angenehme Gefühl, wenn ich den Urin zurückhielt. Und auch jetzt geht mir das noch so. Besteht da irgendein Zusammenhang?
Und noch etwas: Ich weiß nicht, ob bei mir nicht doch etwas von Neid auf Jungen da ist, die, mal

ganz platt ausgedrückt, mit ihrem Penis spielen können. Verstehen Sie, was ich meine? Meine eigene Geschlechtlichkeit anzunehmen, meine geschlechtsspezifischen Gaben anzunehmen, ist eine Aufgabe, mit der ich noch nicht fertig bin.

Da bohrt z. B. noch die Frage nach den Kindern in mir. Warum hat man eigentlich Kinder, wenn sie später einem doch nur Ärger machen? Wenn man als Frau doch nur den eintönigen Alltag mit der Hausarbeit hat? Der Mann hat beides: Kinder und Beruf. Aber die Frau kann dazwischen jedenfalls für viele Jahre nicht wählen. Verstehen Sie, daß für mich die Rolle der Frau noch schrecklich ungeklärt ist? Oder bin ich zu egoistisch und liebe mich selbst zu sehr?

»Nur vom Ziel her kann sich alles klären«, haben Sie mir einmal geschrieben und sprechen vom Frauwerden, sprechen von der Ehe. Damit sagen Sie indirekt, daß M. am Ziel des Frauwerdens hindern könnte, und irgendwie spüre ich, daß Sie recht haben, obwohl ich mir nicht erklären kann wieso. Trotz Ihrer Beruhigung in Ihrem ersten Brief an mich bin ich die Sorge nie ganz losgeworden, daß sich M. doch irgendwie negativ auf meine spätere Ehe auswirken könnte. Sie schlossen es ja auch nicht völlig aus. Vielleicht können Sie auf diese Frage noch einmal eingehen.

Ich soll daran festhalten – mich daran festhalten, daß Gott mich liebt, schrieb Ihr Mann im letzten

Brief. Ja, allmählich gehen mir die Augen auf für den Reichtum in meinem Leben. Ich sollte wirklich keine »Trost-M.« brauchen. Ich glaube, ich muß mein Leben, wie es jetzt ist, und mich selbst noch viel stärker annehmen.

Jeden Tag muß ich mir klarmachen, daß ich wirklich »etwas bin«, d. h. mit meinen Gaben und Fähigkeiten etwas anfangen kann, aber vor allem, daß ich »vor Gott« etwas bin.

Jes. 43,4 steht: »Weil du so wert geachtet bist in meinen Augen, mußt du auch herrlich sein und ich habe dich lieb.« Ich finde diesen Satz sehr tröstend und schön.

Interessant übrigens, was Sie bei meinem Vornamen empfinden. Für mich ist es schwierig, ein Verhältnis dazu zu finden. Er ist mir ein bißchen zu ausgefallen. Ich habe noch keine andere getroffen, die so heißt. Ich finde er paßt irgendwie nicht zu mir. Manchmal finde ich ihn geradezu scheußlich, zumal oft Heldinnen in billigen Romanen so heißen.

Ich lege Ihnen einmal ein Bild von mir bei, damit Sie sich eine Vorstellung von mir machen können.

27. November

Liebe Ilona!

Dein lieber Brief – von Frau zu Frau – kam gestern, und da ich morgen verreisen muß, will ich ihn gleich beantworten. Sonst bleibt er womöglich noch wochenlang liegen.

Zunächst einmal ein Lob, daß Du so lange ohne M. ausgekommen bist und Dir eine fruchtbare, kreative Art der »Belohnung« ausgedacht hast. Es fällt mir übrigens auf, daß Du in Deinem letzten Brief das Wort »nötig« einmal durch das Wort »notwendig« ersetzt hast. Das ist ja ein tiefes, sehr vielsagendes Wort. – Not-wendig ist ja eigentlich nur das, was eine Not wendet. Da frage ich mich nun eben, ob M. jemals im tiefsten Sinn »not-wendig« sein kann.

»Nötig« vielleicht schon, indem sie von einem Druck befreit, den man nicht mehr aushalten zu können meint, und so – oberflächlich gesehen – eine Art Entspannung eintritt. Aber ist dadurch die Not gewendet? Bestenfalls ist es doch nur eine zeitweilige Zwischenlösung. Die Not wäre doch erst wirklich gewendet, wenn Du die Entspannung nicht mehr brauchst, sondern gelernt hast, die Spannung zu ertragen und mit ihr zu leben. Damit sind wir wieder bei der Aufgabe des Reifwerdens und Frauwerdens.

Dies allein ist letztlich wichtig, nicht M. Vielleicht wäre es in diesem Zusammenhang auch hilfreich, wenn Du anfängst, bewußter mit Deinem Zyklus zu leben. Das könnte »not-wendig« sein. –

Nun aber zu Deinen Fragen. Ja, es besteht tatsächlich ein Zusammenhang zwischen dem Muskel, der den Urin zurückhält, und dem Lustgefühl, das eine Frau tief in der Scheide empfindet.

Man nennt diesen Muskel den Beckenbodenmuskel. Seine Nervenenden reichen bis an die Scheide oder Vagina. Wenn dieser Muskel schlaff und unausgebildet ist, kann dies mit ein Grund sein, warum eine Frau in der Ehe sexuell nur schwer zur Erfüllung kommen kann. Ich arbeite gerade an einem Buch, in dem ich dieser Frage ein Kapitel widmen will [12].

Bei M. aber wird das sexuelle Erleben gerade nicht auf den Muskel bezogen. Da wird nur der »Kitzler« oder die Klitoris gereizt, wie Du ja schon aus dem Buch von Wrage weißt. Dadurch entsteht zwar ein ähnliches »schönes Gefühl«, aber es ist viel oberflächlicher. Die Entspannung, die durch diesen äußerlichen Orgasmus erreicht wird, bleibt im Vergleich hinter der Erfüllung zurück, die beim vaginalen Orgasmus erlebt wird. Der Unterschied ist etwa der wie zwischen dem Spiel in einem flachen Planschbecken und dem Schwimmen in einem tiefen Bergsee.

Und deshalb hast Du doch ein wenig recht mit Deiner Sorge um die Auswirkung auf die Ehe. Konzentriert sich die Erwartung der Lust lediglich auf den klitorischen Bereich und bleibt dort stehen – man sagt, sie »fixiert« sich –, dann wird es später schwerer für eine Frau, die ganze tiefe Erfüllung zu erfahren. Jedenfalls wird sie durch M. höchstens ärmer, nie aber reicher.

Auch für den Mann gilt das übrigens in gewisser Weise. Wenn er sich durch M. an einen sehr schnellen Reizablauf zwischen Erregung und Entspannung gewöhnt hat, fällt es ihm später in der Ehe schwerer, auf seine Frau zu warten bis auch sie ihren Höhepunkt erreicht hat. Das meint Wrage, wenn er von einer »Verhaftung an diese Form des Erregungsablaufs« spricht und darauf hinweist, daß es dadurch zu »Schwierigkeiten für den eigentlichen Geschlechtsverkehr kommen kann« [13].

Darin besteht auch die Gefahr beim Petting, jener gegenseitigen Masturbation, das viele junge Pärchen, bei denen die Ehe noch gar nicht im Blickfeld ist, betreiben, um einer Schwangerschaft aus dem Wege zu gehen. In der Ehe müssen nicht wenige von ihnen dann einen Preis dafür bezahlen [14]. Viele Mädchen kommen – das sei nebenbei bemerkt – über den Umweg des Petting zu M. Nachdem sie von ihrem »Freund« verlassen wurden, machen sie dann allein mit dem Petting weiter, um sich über ihr Verlassensein zu trösten.

Aber das ist ja bei Dir alles nicht der Fall, Ilona. Mit Martin hast Du zum Glück eine ganz bestimmte Grenze eingehalten; und durch die Entdeckung von M. aus einer ganz natürlichen Neugier heraus kann eine solche Fixierung unmöglich entstanden sein. Und Du kannst sicher eine voll erlebnisfähige Ehefrau werden.

Aber ehe Du eine Ehefrau wirst, mußt Du erst mal eine Frau werden. Zwar kannst Du Frau werden, ohne Ehefrau zu werden, aber nicht umgekehrt! Ja, »vom Ziel her wird sich alles klären«, aber als Ziel sollst Du Dir zunächst einmal das Frauwerden setzen, nicht die Ehe. Ob Dir eine Ehe eines Tages geschenkt wird, steht dahin. Laß diese Frage zunächst offen. Aber das Ziel des Frauwerdens darfst Du, sollst Du auf jeden Fall erreichen.

Der erste Schritt dazu ist, daß Du Dich als Mädchen und angehende junge Frau voll annimmst und Dein Geschlecht bejahst. Und da frage ich mich nun auch – genau wie Du selber –, ob da bei Dir nicht noch ein Stückchen fehlt. Der Zwiespalt, in dem Du mit Deinem Vornamen lebst, ist dafür schon ein kleines Anzeichen. Auch daß Du Dir, um mir eine »Vorstellung« von Dir zu vermitteln, ausgerechnet eine Fotografie herausgesucht hast, die Dich in Cordhosen zeigt, ist in diesem Zusammenhang nicht ganz uninteressant.

Nun habe ich nichts gegen Hosen. Ich trage sie auch dann und wann. Sie sind sicher in vieler Hinsicht praktischer und im Winter vor allem auch wärmer. Nur wenn Du Dein Wesen darin mehr ausgesagt fühlst, Dich darin wohler fühlst, mehr Du selber zu sein scheinst, dann frage ich mich doch, ob darin nicht auch ein Mangel an Selbstannahme zum Ausdruck kommt. Möchtest Du nicht im geheimen manchmal doch lieber ein Junge sein?

Damit sind wir beim Penisneid, den Du auch in Deinem Brief erwähnst. Auch darin bist Du ganz »normal«. Sigmund Freud hat darauf eine ganze Theorie über die Entwicklung der weiblichen Sexualität aufgebaut. Nun, ob dem Penisneid tatsächlich ein solches Gewicht zukommt, wage ich nicht zu beurteilen. Aber sicher ist etwas Wahres dran. Jedenfalls hat die Überwindung dieses Neides etwas zu tun mit der Annahme Deiner Rolle als Frau. Du mußt eines Tages dahin kommen, daß Du erkennst, daß Du nicht etwas weniger hast als der Mann – also Dich ihm unterlegen fühlen mußt oder »beraubt« oder »kastriert« –, sondern etwas mehr: eine Möglichkeit sexuellen Erlebens, die der Mann nicht hat.

Damit sind wir wieder bei jenem Muskel angekommen. Es besteht tatsächlich ein merkwürdiger Zusammenhang zwischen jenem Muskel und der Selbstannahme als Frau. Solange sich Dein »schönes Gefühl« noch ganz auf die Klitoris konzentriert, bist Du noch ganz im männlichen Bereich sexuellen Erlebens. Denn die Klitoris ist physisch genau so beschaffen wie der Penis und wäre ein Penis geworden, wenn Du ein Junge geworden wärst. Insofern ist also M. auch ein Zeichen dafür, daß Du Dich noch nicht voll als Frau angenommen hast und es kann Dich, wenn Du Dich daran gewöhnst und Dich ausschließlich darauf einstellst, an Deiner Selbstannahme hindern.

Im Vergleich zum Erleben des Mannes ist das Erleben der Frau tief innen in der Vagina, wo jener

Muskel mit ins Spiel kommt, ungleich reicher und erfüllender. Das mußt Du mir einfach abnehmen, wenn Du es auch jetzt noch nicht selbst erfahren kannst. Denn es ist ein Erleben, das im Grunde der Ehe vorbehalten ist. Es braucht das lange Einspiel mit dem gleichen Partner, von dem man sich geliebt und mit dem man sich auf Lebensdauer verbunden weiß.

Und auch daß wir als Frauen Kinder tragen und gebären dürfen, empfinde ich als etwas, das wir dem Mann voraus haben, und nicht als eine zusätzliche Last. Eine Geburt ist ein unvergleichliches Erlebnis. Jedes Kind fügt meinem Leben soviel Inhalt hinzu, daß ich dafür gern das bißchen »Ärger« in Kauf nehme. Eintönig? Ich habe mein Leben als Hausfrau und Mutter noch nie so empfunden. Im Gegenteil: Manchmal hätte ich mich, vor allem als unsere Kinder noch klein waren, nach etwas mehr »Eintönigkeit« gesehnt. Wenn ich wählen sollte zwischen Berufsarbeit und Kindern – ich würde die Kinder wählen. Denn ich bin gern eine Frau und erst recht eine Mutter. Nie fühle ich mich mehr beschenkt, als wenn ich unseren Kindern Geborgenheit schenken kann.

Ich glaube nicht, daß Du Dich zu sehr liebst, Ilona. Ich glaube, Du liebst Dich zu wenig. Du hast Dich nicht lieb genug.

Ich muß schließen, einer längeren Reise wegen, die morgen beginnt. Wenn Du inzwischen schreibst, wird Dir mein Mann antworten.

27. November

Liebes Ehepaar T.!

Jetzt ist M. doch wieder passiert. Ich habe der fixen Idee doch wieder nachgegeben, gerade als ich so froh war, daß ich es scheinbar überwunden hatte. Ich war zu sicher geworden. Ich meinte, den Tiger bezwungen zu haben und ließ ihn aus dem Auge.

Da ich gestern abend sehr spät ins Bett kam, hatte ich mir vorgenommen, heute mittag zu schlafen. Das hätte ich nicht tun sollen, denn als ich einschlafen wollte, hatte ich schon so eine Vorahnung, daß M. in der Luft lag und als ich durch den Wecker wach wurde, geschah es auch.

Dabei ging es in den letzten drei Wochen so gut! Ich habe wirklich gemerkt, daß ich Kraft hatte, M. zu überwinden, und ich glaube fest daran, daß Gott mir diese Kraft gab. Wo ist aber diese Kraft in solchen Momenten wie eben?

Wie soll es weiter gehen? Alles fängt wieder von vorn an. Ich habe mein Versprechen, bis Weihnachten zu warten, nicht gehalten. Kann ich überhaupt noch einmal anfangen? Ich habe solche Angst, daß ich gar nicht mehr davon loskomme.

Ich schreibe diesen Brief gleich danach und will ihn auch gleich abschicken. So will ich es auch in Zukunft machen, wenn ich darf. Ich meine, wenn ich Sie als »Schuttabladeplatz« benutzen darf. Es entlastet mich irgendwie, wenn der Brief mit der Nachricht weg ist.

28. November abends

Ich habe den Brief gestern doch noch nicht gewagt abzuschicken. Ich schäme mich zu sehr. Was werden Sie mir schreiben?

Sie werden wahrscheinlich fragen, ob M. vermeidbar gewesen wäre. Ich muß ehrlich sagen: Ja, wenn ich gleich aufgestanden wäre nach dem Mittagsschlaf. Ich wollte in diesem Augenblick nicht verzichten.

Ich kann sagen, daß ich mich hinterher immer schuldig fühle, auch wenn es nötig war. Vorher aber stelle ich mir die Frage gar nicht. Nein, vorher habe ich kein Schuldgefühl.

Neulich war Buß- und Bettag. Es bedrückt mich, daß ich gar nicht richtig weiß, wie ich Buße tun soll und wofür. Muß ich für M. Buße tun? Ist es Sünde? In Ihrem Brief vom 17. 11. haben Sie die Frage nach der Schuld an mich zurückgegeben. Nur ich selbst könne beurteilen, ob ich schuldig werde durch M. Aber ich bin unsicher. Jetzt zwinge ich mich, den Brief abzusenden.

29. November

Liebe Ilona!

Nicht traurig sein! Ich bin nicht einmal überrascht, daß Sie Ihr Versprechen noch nicht halten konnten. Ich selbst hätte es Ihnen auch nie abverlangt, denn dieses Terminsetzen geht gewöhnlich schief. Da Sie sich aber von sich aus einen Termin setzten, wollte ich nicht widersprechen und es Sie ausprobieren lassen. Die Verlängerung der Intervalle, das Seltenerwerden muß gewissermaßen wie von allein kommen, ohne »Klimmzug«, ohne Krampf. Sie müssen lernen, auf die Fortschritte zu schauen und nicht auf das Versagen!

Noch einmal: Sie dürfen, solange Sie es bedürfen, Ilona. Deshalb brauchen Sie auch keine Angst zu haben, keine Angst vor M., keine Angst vor meiner Reaktion und keine Angst, daß Sie nicht mehr davon loskommen. Diese Angst ist Ihr größter Feind. Denken Sie an das entgegenkommende Auto!

Wissen Sie, es ist ein wenig wie beim Skifahren. Da »darf« man auch hinfallen. Es gehört dazu bis man gelernt hat, den Hang zu meistern. Natürlich wird man es nicht drauf anlegen hinzufallen. Man wird es möglichst vermeiden. Aber man weiß. Im Notfall darf ich. Und je weniger man Angst vor dem Hinfallen hat, um so weniger wird es tatsächlich passieren. Und wenn es wirklich einmal unvermeidlich passiert ist, dann wird man es nicht tragisch nehmen, sich nicht vor das Schneeloch stellen und selbstmitleidig und deprimiert lange Betrachtungen anstellen, sondern man steht wieder auf und fährt weiter. Beim nächsten Mal wird man versuchen, den Hang ohne Sturz zu nehmen.

Wenn man sich aber dreimal hintereinander absichtlich in das Schneeloch wirft, aus lauter Wut, daß man hingefallen ist, um sich dabei selbst zu beweisen, daß man das Skifahren nie können und nie lernen wird, dann wird man schuldig, denn dann wächst man nicht.

Damit sind wir bei Ihrer schweren Frage nach der Schuld. Zum ersten Mal haben Sie das Wort »Sünde« gebraucht. Ich habe es bisher bewußt vermieden. Denn Sünde meint noch mehr als Schuld. Es stößt die Dimension auf, in der ein Mensch vor Gott steht. Sich schuldig fühlen vor anderen oder auch vor sich selber, kann auch ein Mensch, der nicht an Gott glaubt. Sünde aber ist Schuld vor Gott. Wenn Sie fragen, ob M. Sünde ist, dann fragen Sie, ob M. die persönliche Beziehung eines Menschen zu Gott stören kann.

Bei dieser Gelegenheit möchte ich Ihnen etwas mitteilen, was mir nicht zuletzt durch unsere Korrespondenz, aber auch durch Lektüre und durch Korrespondenz mit anderen aufgegangen ist.

In dreifacher Hinsicht ist M. irgendwie einzigartig. Einmal kann man heute fast über alles reden und schreiben, ohne daß es jemandem peinlich ist, über Ehebruch, außereheliche und erst recht voreheliche Beziehungen, Abtreibung, Homosexualität und dazu über alle erdenklichen Perversionen, fast kann sich einer sogar damit brüsten – aber über M. liegt noch ein seltsamer Schleier der Peinlichkeit, der Beklemmung, des Unbehagens.

Zum anderen – das habe ich, glaube ich, schon einmal erwähnt – ist M. das einzige sexuelle Verhalten, jedenfalls beim Mädchen, aber vermutlich auch beim Jungen, das etwas mit der Mutterbeziehung zu tun hat.

Schließlich berührt, wie neuere Untersuchungen in Amerika ergeben haben, kein anderes sexuelles Verhalten so stark und so beständig wie M. die Religiosität eines Menschen, sein Verhältnis zu Gott [15].

Das Schuldgefühl, das Sie hinterher empfinden, obwohl es vorher gar nicht da war, ist rational und rein psychologisch nicht zu erklären. Da spricht eine Stimme, die nicht aus Ihnen kommt.

»Wo ist die Kraft in solchen Momenten?« So fragen Sie. Sie läge im Hören auf diese Stimme, um den Sprung des Tigers in der Bereitstellung zu erkennen, wenn M. in der Luft liegt. Das aber braucht Übung. Je reifer Sie werden, um so mehr wird es Ihnen gelingen, und je mehr es Ihnen gelingt, um so reifer werden Sie.

1. Dezember

Lieber Herr T.!

Danke für den Skifahrer-Brief und dafür, daß Sie gleich geschrieben haben! Er hat mich getröstet und mich doch gleichzeitig herausgefordert. Ich muß also entscheiden, ob M. für mich Sünde ist – oder jedenfalls immer Sünde ist! Noch kann ich es nicht.

Indessen ist aber nun der Brief Ihrer Frau vom 27. 11. gekommen, der sich mit meinem »Sturzhangbrief« gleichen Datums gekreuzt hat. Durch diesen Brief ist mein Ziel, wirklich auf M. zu verzichten, so ins Schwimmen geraten, daß ich mich sofort hinsetzen und Ihnen schreiben muß.

In gewisser Weise wäre dieser Brief Ihrer Frau auch eine Antwort auf meine Frage nach der Schuld. Denn wenn man bewußt einen Weg geht, von dem man genau weiß, daß er nicht zum Ziel führt, dann würde man schuldig. Sicher: »Vom Ziel her wird sich alles klären« – auch die Schuldfrage. Vorausgesetzt allerdings, daß man sich über das Ziel im klaren ist.

Und das bin ich nicht mehr. Das Ziel ist verrutscht. Die Ehe erscheint mir eben gar nicht als ein so verlockendes Ziel wie es Ihre Frau hinstellt. Meine Eltern sind sich zwar von Herzen gut, aber das Bild der Ehe, das sie mir geben, ist für mich doch eher trüb. Wenn mich die Ehe wirklich lockte, wäre es vielleicht leichter, hätte ich eher die Kraft zu verzichten. Aber so schwankt für mich zwischen diesem verstellten Ziel und dem sexuellen Verlangen alles hin und her.

Eine andere Frage ist jedoch für mich noch viel quälender: Gesetzt den Fall, die Ehe sei tatsächlich etwas so Schönes, wie es Ihre Frau beschreibt: Was ist aber nun, wenn ich gar nicht heiraten werde?

Sonst könnte ich sagen: Ich verzichte darauf zugunsten von später. Was ist aber, wenn dieses Später gar nicht eintritt? Nehmen wir einmal an, ich würde in eine Schwesternschaft eintreten oder es würde irgend etwas anderes geschehen, was mich nicht zum Heiraten kommen läßt. Was wird dann mit meiner Sexualität? Wie kann ich mich jetzt schon auf ein Später konzentrieren, das möglicherweise gar nicht kommen wird? Verstehen Sie, was ich meine?

Ihre Frau sagt ja selbst, daß ich mich nicht ausschließlich auf die Ehe einstellen soll. Das heißt aber, daß mein Verzichten jetzt nicht nur ein vorübergehendes ist, sondern eventuell ein dauerndes, ein totales. Sehen Sie: Dazu bin ich nicht bereit. Dieser Gedanke nimmt mir die Widerstandskraft. Sie wird mir also nicht genommen, weil sie über meine Kraft geht, sondern weil ich einfach nicht mehr widerstehen will.

Ich sage mir: M. ist zwar kein vollwertiger Ersatz, aber doch wenigstens etwas, wenn man bedenkt, daß ich das Schöne in der Ehe, die »Erfüllung«, von der Ihre Frau spricht, vielleicht nie erleben werde. Ich sage mir zwar auch immer, daß Sexualität nicht ein Leben ausmacht, aber trotzdem treibt mich die Frage um.

Wenn das Frauwerden mein Ziel sein soll: Gibt es ein Frauwerden, ohne daß Sexualität irgendwie ausgeübt wird? Ja, das ist die Grundfrage.

Ich danke Ihnen schon im voraus, daß ich eine Antwort erwarten darf. Ich bitte darum, daß Sie mir eine Antwort geben, die mir hilft, daß ich auf M. nicht nur verzichten kann, sondern auch will und es nicht verdrängen muß. Weil ich es nicht verdrängen wollte, habe ich es heute wieder getan, irgendwie trotzig: nun gerade. Ich schreibe Ihnen das ganz ehrlich. Und doch: Es ist wieder so. Ich habe es ganz bewußt getan, willentlich, ohne Schuldgefühl. Aber ich fühle mich trotzdem wieder nicht wohl in meiner Haut. Es ist genau so wie Sie es beschreiben: unerklärlich.

Die einzige mir einleuchtende Erklärung wäre, daß M. bei mir ein Ausdruck dafür ist, daß ich mich selbst noch nicht voll angenommen habe. Dieses Problem beschäftigt mich mehr und mehr. Ihre Frau hat schon recht. Daran hapert es bei mir noch sehr.

Nie bin ich auf den Gedanken gekommen, daß sich das auch darin ausdrücken könnte, daß ich mit meinem Vornamen auf Kriegsfuß lebe. Und es ist wahr: Manchmal, nicht immer, fühle ich mich tatsächlich in Hosen wohler und nicht nur, weil sie praktischer sind oder wärmer.

Was die Selbstliebe anbelangt, bin ich durch den Brief Ihrer Frau nun völlig verwirrt. Anfangs schrieben Sie mir, daß ich mich zu sehr um die eigene Achse drehe, und daß ich aus dem Autoerotismus herauswachsen müsse. Nun schreibt Ihre Frau, daß ich mich selbst nicht genug liebe. Liebe ich mich nun zu viel oder zu wenig? Ist M. nun das Symptom für das eine oder das andere? Und was meint Ihre Frau, wenn sie sagt, ich soll »bewußt mit dem Zyklus leben«?

O je, das ist aber ein problematischer Brief geworden ...

13. Dezember

Liebe Ilona!

Also das Ziel ist Ihnen verrutscht! Ich bin dankbar, daß Sie das so offen aussprechen – und gleichzeitig ist mir bange, wenn ich Ihnen schreibe. Sie stellen schwere, an die Grundfesten des Lebens rührende Fragen, und es gibt darauf keine einfachen Antworten, die wie der Deckel auf den Topf passen.

Gesetzt also den Fall, Sie würden nicht heiraten. Müssen Sie dann ein Leben lang auf die Sexualität verzichten? Die Antwort heißt: nein. Das können Sie gar nicht, denn die Sexualität sind Sie selber. Sie selber sind Ihre Sexualität. Der Verzicht betrifft nur eine bestimmte Ausdrucksform Ihrer Sexualität. Können Sie eine Frau werden ohne diese spezielle Ausdrucksform der Sexualität? Die Antwort heißt: Ja. Auch in einer Schwester – um bei Ihrem Beispiel zu bleiben – ist die Sexualität voll da. Auch der ledige Mensch kann nur etwas ausstrahlen, wenn sie eine volle, ganze Frau oder er ein voller, ganzer Mann geworden ist.

Das Reifwerden – also das Frauwerden oder Mannwerden – bleibt auch für den Ehelosen das Ziel. Nur ist »ehelos« so ein negatives Wort, das die Unverheirateten nur auf einen Mangel festlegt. Deshalb spreche ich lieber von »Ledigen«. Denn das heißt genau genommen von »Freien«. Sie sind frei von der Ehe, also in ganz positivem Sinne die Ehe los. Die Verheirateten aber sind die Freiheit los. Man kann das ruhig auch einmal von dieser Seite her betrachten.

Die Aufgabe des Frauwerdens und Mannwerdens ist aber beiden gestellt, den Verheirateten wie den Unverheirateten. Hat eine Diakonisse – nur zum Beispiel – dieses Ziel erreicht, dann kann sie alles, was in ihr angelegt ist an Fraulichkeit, Mütterlichkeit, Hingabefähigkeit – also an Sexualität – hineingeben in ihre Berufung und davon so erfüllt sein, daß sie mitleidig lächeln würde, wollte man ihr M. anbieten, damit sie »wenigstens etwas« habe. Sie hat dann ihre Sexualität so übertragen in das Dasein für andere, daß ihr das Verzichten gar keine Anstrengung mehr ist, sondern Gabe und Freude.

Damit Sie das richtig verstehen, muß ich Sie an etwas erinnern, was wir Ihnen schon einmal schrieben: Sexualität ist Sprache, ist Anrede, ist Beziehung. Sie streckt sich aus wie eine Hand. Sie will zum anderen hin. Sie sucht das Du. Sie gibt. Das ist ihr Sinn und das macht sie menschlich.

Auch der Ledige darf diese Sprache sprechen, wenn er auch andere Worte wählen wird als der Verheiratete. Durch M. aber wird dieser Sinn verfehlt. Darum ist sie im Grunde eine Verunmenschlichung der Sexualität und eben nicht »wenigstens etwas«.

Sie spaltet den Menschen auf, da er versucht, gleichzeitig zwei Rollen zu spielen: die des Reiz Gebenden und die des Reiz Empfangenden [16].

M. ist nicht Sprache, sondern Schweigen, stummes Mit-sich-Alleinsein. Da entsteht keine Beziehung. Da redet man mit niemandem, gibt niemandem etwas, sondern nimmt sich etwas.

Dieser Ausdruck: »Sich etwas nehmen« hat einen Doppelsinn. Man nimmt sich etwas, was man haben will, aus Angst, es könnte einem vorenthalten bleiben. Und gerade dadurch nimmt man sich etwas *weg*, verliert etwas – nämlich die Fähigkeit, sich selbst zu geben, sich andern zu öffnen, sie zu beschenken, sie anzureden.

Verzichten ist schwer, wenn Sie daran denken, daß Sie etwas nicht bekommen. Aber es wird leicht, wenn Sie daran denken, daß Sie ja nur darauf verzichten wollen, sich selber etwas wegzunehmen, sich selber zu berauben.

Wenn Sie einmal sagen können: »Ich kann verzichten. Ich kann es lassen, mir selbst etwas zu nehmen. Ich brauche nicht mehr unter dem Zwang, in der ›Abhängigkeit‹ zu leben, mir ständig etwas wegnehmen zu müssen.« Dann wird eine große Freude über Sie kommen.

Ich möchte Ihnen so gern zu dieser Freude verhelfen und ich frage mich, ob wir uns nicht zunächst einmal ein anderes »Einübungsterrain« für das Verzichten suchen sollten. Die Bibel nennt Verzichten »Fasten«. Fasten heißt nicht auf etwas Verbotenes, sondern auf etwas Erlaubtes verzichten. Wer sich Erlaubtes versagt, erhält dann die Fähigkeit, sich Unerlaubtes zu versagen. Haben Sie ein Gebiet, auf dem Sie sich freiwillig ein »Fasten« auferlegen könnten?

In Ihrem ersten Brief erwähnten Sie das Essen. Eßlust – wie übrigens auch das Rauchen – kann auch eine Art Ersatz-Selbstbefriedigung sein. Hier sind Zusammenhänge. Sie essen, um sich auf diese Weise selber zu lieben. Aber Sie hätten sich viel lieber, wenn Sie weniger äßen. Dasselbe könnte man in abgewandelter Form über M. sagen. Sie lieben sich durch M., aber Sie liebten sich mehr ohne M.

Lieben Sie sich zu sehr oder zu wenig? Beides zugleich. Wir müssen wohl zweierlei Selbstliebe unterscheiden. Die eine liebt nur sich selbst, sucht sich ständig selbst, ist also Ichsucht, Egoismus – die andere ist Selbstliebe, die sich selbst angenommen hat, gefunden hat, und die sich deshalb auch selbst loslassen kann, verschenken kann, selbst-los werden [17]. Die erste gilt es zu überwinden, sie ist jedem angeboren, die letztere gilt es zu erlernen, sie ist niemandem angeboren. Diese letztere hat Jesus gemeint, wenn er uns das Gebot gab, unseren Nächsten zu lieben wie uns selbst.

Im Sinne der ersteren Selbstliebe lieben Sie sich zu sehr – im Sinne der letzteren zu wenig. Beides drücken Sie durch M. aus.

Wenn meine Frau Ihnen riet, bewußter mit Ihrem Zyklus zu leben, dann wollte sie Ihnen wohl zum Erlernen der letzteren Selbstliebe helfen: Sich selbst als Frau zu lieben und anzunehmen. Denn das ist auf jeden Fall das Ziel.

Aber was sie darunter verstanden hat, das soll sie Ihnen lieber selber erklären. Sie kommt morgen zurück.

Für heute nur noch eine Bitte. Fangen Sie wieder an und geben Sie nicht auf!

15. Dezember

Ich bin von der Reise zurück und will gleich Deine Frage beantworten. Wenn ich Dir riet, bewußter und bejahender mit Deinem Zyklus zu leben, dann meinte ich zunächst, daß Du wahrnehmen sollst, wann bei Dir die Ovulation stattfindet. Du merkst das durch ein Feuchtwerden am Scheideneingang, durch den sog. Zervixschleim, durch ein Ziehen in den Brüsten und manchmal durch einen kurzen stechenden Schmerz im Unterleib. Ganz genau aber kannst Du es feststellen, wenn Du jeden Morgen nach dem Aufwachen Deine Temperatur mißt. Nach dem Eisprung, wenn sich das Ei aus dem Eierstock gelöst hat – etwa 2 Wochen vor der nächsten Periode – steigt die Temperatur ein klein wenig an und bleibt auf dieser höheren Ebene bis kurz vor der Menstruation.

Du wirst merken, daß die Stimmungslage vor dem Eisprung oft anders ist als hinterher. Im ersten Teil des Zyklus sind die meisten Frauen lebensmutiger, im zweiten Teil leichter niedergeschlagen. Vielleicht kannst Du auch feststellen, ob bei Dir das sexuelle Verlangen in bestimmten Phasen des Zyklus stärker ist als in anderen – etwa vor der Menstruation –. Dann kannst Du Dich besser darauf einstellen und Dich wappnen und wirst nicht mehr so leicht wehrlos vom »Tiger« überfallen.

Für die Ehe ist das Wissen über den Zyklus unentbehrlich. Es ist die beste Vorbereitung, die Du mit in die Ehe bringen kannst. Aber auch wenn Du nicht heiratest, ist diese Selbstbeobachtung eine ganz entscheidende Hilfe zur Selbstannahme und Selbstliebe in rechter Weise.

Ich lege Dir ein Gedicht bei, das vielleicht zu Dir spricht. Besonders die Worte »Weil Du JA zu mir sagst und mich nicht nach gestern fragst, darum fang ich wieder an« [18] zeigen, wie eng das Sichangenommenwissen von Gott und das Mutfassen zusammengehören.

Liebes Ehepaar T.!

Vier Monate habe ich nicht geschrieben. Ihr letzter Brief hat mir entscheidend geholfen. Danke, daß Sie mir mein Ziel wieder klar vor Augen geführt haben! Es stand – und steht – wieder ganz deutlich vor mir.

Als ich den Brief gelesen hatte, setzte ich mich erst einmal ganz ruhig hin und dachte über mich nach. Ich sagte zu mir selber: Du bist doch kein kleines Kind mehr, sondern willst eine junge Frau werden. Dieses Ziel muß zu erreichen sein. – Jetzt erst verstand ich ganz, warum Sie mich von Anfang an nicht als Kind ansprachen, sondern bei dem erwachsenen, respektvollen Sie blieben. Es half mir, meine Achtung vor mir selber zurückzugewinnen. Ich redete mich selber gewissermaßen mit »Sie« an.

Dabei kam ich zu folgendem Schluß: Solange ich davon abhängig bin, ist M. für mich eindeutig eine Sünde.

Das Schöne war, daß ich an diesem Nachmittag eine Weihnachtsandacht vorbereiten mußte über einen Vers aus dem Lukasevangelium, der nach der Übersetzung von Jörg Zink so heißt: »Gott hat mich gesandt, den Ungeliebten zu sagen, daß Gott sie liebt, verwundete Herzen zu heilen, Gefangenen die Freiheit zu bringen und Blinden das Licht, Mißhandelte zu erlösen und die Stunde auszurufen, in der Gott hilft« [19] (Luk. 4,18/19).

Als ich überlegte, wo ich gefangen bin, fiel es mir wie Schuppen von den Augen, daß das Wort genau auf mich paßte. Und wenn ich weitersagen wollte, wie Jesus im Alltag konkret hilft, durfte ich das doch auch auf mich beziehen, auf meine Abhängigkeit. Da war das Ziel wieder da.

Außerdem las ich an jenem Nachmittag in dem Heft: »Die Zehn großen Freiheiten« von Ernst Lange [20] eine Auslegung des 6. Gebotes, in der es hieß: »Du brauchst dich nicht auszutoben! Weder durch unsauberes Geschwätz noch durch schwüle Tagträume – weder indem du dich selbst befriedigst – noch indem du andere zu deiner Befriedigung mißbrauchst. – Bring dich nicht durch die Karikaturen der Liebe um die Freude der Liebe! Ich, der allmächtige Gott, will der Stifter Deines Glückes sein. Du kannst es dir leisten, auf den Menschen zu warten, den ich dir sende.«

Nach Ihrem Brief ergänzte ich für mich: Du kannst es dir leisten, in Ruhe zu einer Frau mit voller, ganzer Erlebnisfähigkeit heranzuwachsen.

An diesem Nachmittag sprach Gott ganz konkret zu mir. Ich machte aber nicht wieder den Fehler und setzte mir ein Ziel. Ich wußte, im äußersten Notfall durfte ich es tun. Das nahm mir die Angst. Deshalb geschah es seit dem 27. 11. kein einziges Mal mehr. Heute ist für mich wirklich Ostern. Das konzentrierte Arbeiten für das Abitur, das ich indessen bestand, hat mir dabei geholfen. Aber außerdem wandte ich noch zwei Hilfen an, die Sie mir gaben: Verzichten und Selbstbeobachtung.

Um zu üben, was es heißt, zu verzichten, habe ich mir keine Süßigkeiten mehr erlaubt, außer einem Nachtisch, wenn ich zum Mittagessen irgendwo eingeladen war, weil man das schlecht ablehnen kann. Wenn ich sonst etwas geschenkt bekam, habe ich es weiterverschenkt. Es fiel mir sehr schwer, wirklich, aber es half eine Grundhaltung zu erlernen, die sich dann auf M. auswirkte.

Ob M. mit meinem Zyklus zusammenhängt, kann ich nicht genau sagen. Ich glaube, daß M. die letzten beiden Male ungefähr 8 bis 9 Tage vor dem Einsetzen der Regelblutung passierte. Temperatur zu messen brauche ich nicht unbedingt. Ich kann schon sehr deutlich an den äußeren Merkmalen erkennen, wann der Tag meines Eisprunges ist. Ich habe jetzt genau darüber Buch geführt und angefangen, mit mir zu leben und nicht mehr gegen mich.

Zum Schluß möchte ich Ihnen noch von meiner Freundschaft mit Arndt berichten. Er ist 23 Jahre und aus Amsterdam. Wir lernten uns auf einem

Lehrgang kennen und waren uns von Anfang an sympathisch. Wir hatten viele gute Gespräche über Glaubensfragen und auch über unser Verhältnis zueinander und wollten es bewußt nicht auf Zärtlichkeiten aufbauen.

Am letzten Tag kam es aber doch zu einem Kuß. Der Abschiedsschmerz war ein wenig die treibende Kraft dabei. Daß ich noch nicht voll hinter diesem Ausdruck von Zärtlichkeiten stehen konnte, sagte ich offen. In dieser Offenheit voreinander und vor Gott soll es weitergehen.

Übrigens, da fällt mir ein: Neulich stand Martin plötzlich ganz unerwartet vor der Tür und wollte wissen, wie es mir ging. Das hätte ich nie erwartet. Ich weiß noch, daß ich enttäuscht war, als er damals meine Absage ohne Aufbegehren akzeptierte und sich zurückzog. Um so erstaunlicher ist sein Wiederkommen. Wie soll ich das verstehen? Wie soll ich mich verhalten auch im Hinblick auf Arndt? Ich bin so unsicher in diesen Dingen. Vielleicht liegt es daran, daß ich auf eine Mädchenschule ging.

Und nun noch etwas Dummes: Ich habe Sorge, wenn jetzt M. überwunden ist. Sie zu verlieren. Darf ich Ihnen trotzdem noch schreiben?

5. Mai

Liebe Ilona!

Wir brauchen Ihnen nicht erst zu sagen, daß uns der Brief sehr dankbar machte. Als Sie so lange schwiegen, waren wir unruhig. Wir sagen das ganz offen. Aber wir hielten die Unruhe aus, ohne in Sie zu dringen. Um so dankbarer macht uns Ihr Brief, und wir können Ihre Freude tief nachempfinden. Das ist ein großer Schritt voran, Ilona, ein Schritt auf Sie selber zu. Sie sind zu sich selbst gekommen. Sören Kierkegaard sagt: »Der Weg zu sich selbst ist der schwerste.«

Nein, Sie verlieren uns nicht! Wir sind doch wohl durch mehr verbunden, als durch dieses ganz spezielle Problem.

Sehr lange nachgedacht haben wir über Ihre Handlung, sich hinzusetzen, nachzudenken und dann gewissermaßen ganz bewußt Ihren Willen als Bundesgenossen einzuschalten in den Kampf. Wir glauben, daß man heute dazu neigt, den Willen viel zu wenig einzusetzen, und daß er unterschätzt wird als eine Macht im Widerstand [21].

Die einfachste Erklärung für Martins argloses Wiederauftauchen ist wohl die, daß er eben ein Junge ist, und daß, jedenfalls meistens, bei einem

Jungen weder eine Liebeserklärung noch eine Abschiedserklärung so tief geht wie bei einem Mädchen. Zwar dürfen Sie seinen Besuch nicht unterbewerten, aber auch nicht überbewerten. Wir würden an Ihrer Stelle einfach zwanglos mit ihm Kontakt halten und dabei durchblicken lassen, daß Sie auch andere Bekannte haben. Das schließt Arndt mit ein. Danke, daß Sie uns teilnehmen lassen an diesen zarten Anfängen. Allerdings bezweifeln wir, ob es in Ihrem Alter wirklich »Freundschaft« im tiefen Sinne des Wortes zwischen den Geschlechtern gibt. Denn ist sie es wirklich, dann will sie doch bald mehr sein – oder sie ist eben keine.

Sicher ist etwas Richtiges daran, was Sie über Ihre Nur-Mädchen-Schule sagen. Aber es gibt auch eine andere Seite. Der Vorteil ist wohl der, daß das Wachsen und Reifen nicht so leicht durch den Brand zu früher Liebeserlebnisse gestört wird.

Wir haben ja lange in Afrika gelebt und uns dort oft gefragt, warum in Afrika die Bäume alle so krumm gewachsen sind. Kaum sieht man einmal einen geraden Stamm. Der Grund ist der, daß die Felder jährlich durch Brand gesäubert werden und dadurch der Wuchs immer wieder gestört wird.

Wir freuen uns sehr, daß Sie so bewußt mit Ihrem Zyklus leben. Das ist sicher eine große Hilfe zum geraden Aufwachsen.

10. Juni

Liebes Ehepaar T.!

Wie recht Sie mit Martin haben! Es verhält sich alles genau so mit ihm, wie Sie es erfühlten. Er rief mich einmal an und machte am letzten Sonntagnachmittag einen Abschiedsbesuch, der aber der ganzen Familie galt.

Indessen geht der Briefwechsel mit Arndt lebhaft weiter. Wir entdecken viele Gemeinsamkeiten, aber wohin es einmal führen soll, wissen wir nicht. Der nächste Schritt, den wir sehen, ist, daß wir uns durchs Schreiben und vielleicht (hoffentlich!) auch mal wieder durchs Wiedersehen besser kennenlernen.

Eins hat mich allerdings ziemlich verwirrt. Er schrieb, daß er in Gedanken an mich sich in sexuelle Spannungen hineingebracht hätte und diese mit M. abreagiert hätte. Na ja, ich war ein wenig erschrocken, daß er so offen darüber sprach und damit mein Problem erwähnte. Ich freute mich aber auch über sein Vertrauen. Was soll ich darauf antworten? Kann ich als Mädchen ihm da helfen? Zunächst hielt ich es für das Beste, es einfach zu übergehen.

Das führt uns wieder zum Thema M., zu dem ich nun noch einmal eine für mich sehr wichtige – hoffentlich letzte! – Frage habe. Zunächst: Ich bin wirklich sehr froh, daß ich nun aus der Abhängigkeit von M. heraus bin. Und ich möchte Ihnen noch einmal ausdrücklich danken, daß Sie sich meines »Falles« mit so viel Geduld und Verständnis angenommen haben.

Aber nun meine Frage: Anfang dieser Woche fühlte ich plötzlich so eine Freude an meinem Körper wie ich sie kaum bis jetzt gefühlt habe. Ich glaube, es gelingt mir jetzt mehr und mehr, ihn nicht nur vom Verstand her, sondern auch vom Gefühl her wirklich anzunehmen. Und da kam mir das Verlangen nach M. Es kam von einer ganz anderen Seite her als früher. Nicht als ein Angefallenwerden von außen, sondern als eine Sehnsucht von innen.

Ist es möglich, daß das »schöne Gefühl« Ausdruck der Freude am eigenen Körper sein kann? Oder mache ich mir da nur etwas vor und gerate auf diesem Wege wieder neu in die Abhängigkeit?

Ich konnte der Versuchung widerstehen – ich kann es ja nun! Aber die nagende Frage blieb: Ist M. immer Sünde?

Klar war mir und ist mir, daß M. für mich Sünde ist, solange ich davon abhängig bin. Aber wenn ich es nun nicht mehr bin? Habe ich die Möglichkeit, mir mein schönes Gefühl in der Freiheit zu gönnen – so wie eine kleine Reise, einen Theaterbesuch oder meinethalben ein Glas Wein? Selten, ja. Aber eben als etwas Besonderes. Da braucht doch nicht gleich eine Abhängigkeit und Gewohnheit daraus zu werden!

Zugegeben: Es ist dann nicht der tiefe auf den Partner bezogen Ausdruck meiner selbst. Zugegeben: Es bleibt an der Oberfläche. Aber man kann doch nicht nur als Tiefseetaucher leben! Bitte, seien Sie über diese Fragen nicht ärgerlich.

Und wenn schon, dann ärgern Sie sich, bitte, gleich über die folgende noch mit dazu: Sie schrieben einmal, daß sie auch mit anderen über M. korrespondieren. Ist es zu aufdringlich zu fragen, wie sie das Problem lösen?

Ich wüßte gern, ob andere auch so von Tagträumen mit schwülen Phantasien geplagt werden. Warum befreit mich Gott nicht davon?

Auch an einen Nachttraum erinnere ich mich. Mir träumte, daß ich ein Mann sei und meine Freundin heiraten würde. Gleichzeitig traf ich im Traum auf dem Standesamt meinen ersten Tanzstundenfreund. Nun war ich wieder ein Mädchen und ich weiß noch, daß ich mich glücklich an ihn lehnte. Was spielt sich da in mir ab? Gekennzeichnet sind diese Tage von der Sehnsucht, von der Sehnsucht nach einem Freund oder auch nach einer mich wirklich verstehenden Freundin.

21. Juni

Liebe Ilona!

Nein, ärgerlich sind wir gewiß nicht, aber ratlos. Jetzt wird es wirklich sehr schwierig, denn was wir auch antworten auf Ihre Frage nach dem Sichgönnen ist falsch – oder kann jedenfalls falsch sein. Verneinen wir Ihre Frage und stellen diese Freiheit absolut in Abrede, dann legen wir Ihnen ein Gesetz auf, und das haben wir versucht von Anfang an zu vermeiden. Bejahen wir die Frage und geben Ihnen grünes Licht, dann schicken wir Sie auf eine Hochgratwanderung, bei der wir nicht wissen, ob Sie dabei nicht abstürzen.

Wir haben lange über Ihren Brief geredet, denn – wir wollen ganz ehrlich sein – zum ersten Mal sind wir uns nicht ganz einig. Ingrid neigt – um der Liebe willen – eher zum Nein. Sie meint, die Gefahr des Selbstbetrugs sei zu groß. Sie kann sich auch nicht vorstellen, daß M. etwas so »Schönes« ist wie eine Reise, ein Konzert oder ein festliches Mahl.

Ich hingegen wäre – auch um der Liebe willen – zu einer gewagteren Antwort bereit und würde Ihnen gern zutrauen zu unterscheiden, wann M. wirklich nur ein harmloses Sichgönnen und wann es Ausdruck einer Abhängigkeit ist, die auch Ihre Beziehung zu Gott stört. Ingrid meint, das würde Sie überfordern. Sie empfindet es eben ganz als Frau, und ich will das einfach stehen lassen.

Ihre Frage, welche Erfahrungen andere gemacht haben, ist durchaus berechtigt. Wenn ich an andere denke, mit denen wir darüber im Austausch stehen, muß ich zugeben, daß Ingrid recht hat. Für die meisten ist die oben erwähnte Unterscheidung tatsächlich eine Überforderung. Wir wollen Ihnen gern einige Erfahrungen anvertrauen, die andere gemacht haben. Nur müssen Sie uns versprechen, sie nicht einfach unbesehen auf sich zu übertragen. Denn die Schwierigkeit, eine für alle gültige Lösung zu finden, besteht eben darin – ich erwähnte das bereits einmal –, daß der Sexualdruck bei verschiedenen Menschen ganz verschieden stark ist. Die einen werden leichter, die anderen schwerer mit dem Trieb fertig. Die letzteren sind deshalb keine schlechteren Menschen – und schon gleich gar nicht schlechtere Christen.

Die einzige allgemeine Erfahrung, die wir haben, ist die, daß niemand wirklich mit M. glücklich ist, merkwürdigerweise auch diejenigen nicht, die es als etwas Harmloses oder sogar Positives hinstellen. Die meisten aber sind nicht nur nicht glücklich, sondern sie leiden darunter sehr.

Wir kennen Menschen, die durch eine Beichte und Hingabe an Christus mit einem Schlage davon frei wurden. Von dem Tage an gehörte M. für sie zur

Vergangenheit und sie brauchten es nicht mehr zu tun.

Wir kennen andere Menschen, mit denen Gott geduldig den längeren Weg der allmählichen Überwindung ging. Ich denke da etwa an eine Zweiundzwanzigjährige, für die es so zur Gewohnheit geworden war – schon von Kindheit an –, daß sie ohne M. nicht einschlafen konnte. Sie mußte M. zu sich nehmen wie eine Schlaftablette und litt unsagbar darunter, wiederholte es mitunter auch tagsüber öfter.

Es hätte ihr nicht geholfen, wenn wir versucht hätten, ihr einzureden, daß ja »nichts dabei« sei. Sie fühlte sich schlecht, minderwertig und schmutzig und wollte lernen es zu lassen. So arbeiteten wir mit ihr zunächst an der Verlängerung der Intervalle, während wir gleichzeitig ihr Einsamkeitsproblem angingen. Als es ihr gelang, immer einen Tag dazwischen auszulassen, bekam sie das Gefühl des Voranschreitens. Allmählich wurde es immer seltener und heute ist sie ganz davon frei. Aber es dauerte über ein Jahr. Hätten wir ihr am Anfang versprochen, daß Christus sie mit einem Schlag befreien würde, wäre sie in große Glaubensnot geraten. Sie hätte dann vielleicht geschlossen: Selbst Christus hilft mir nicht, folglich ist keine Hoffnung mehr.

Natürlich hatte sie auch mit Phantasien zu kämpfen. Wir rieten ihr, diese Vorstellungen nicht mehr zu bekämpfen und sie sich nicht mehr zu verbieten. Denn wenn man sie zur Vordertür hinauswirft, kommen sie zur Hintertür wieder herein. Wir sagten ihr, sie solle sie einfach zulassen und lernen, sich *mit* diesen Phantasien anzunehmen und sie zuzugeben: Ich bin eben so, daß ich solche Phantasien habe. Für sie war das der erste Schritt zur Besserung.

Eine Zeitlang half es ihr auch, die Gedanken und Bilder, die sie anfielen, in Stichworten auf Zettel zu kritzeln, damit sie nicht mehr in ihr waren, sondern ihr gegenüberstanden. Diese Zettel verbrannte sie dann oder steckte sie in einen Umschlag und sandte sie an uns, damit sie »weg« waren.

Heute ist sie zwar nicht frei von Phantasien – kein Mensch ist das –, aber sie fühlt sich nicht mehr von ihnen bedroht. Sie hat gelernt, darüber zu lächeln, verachtend zu lächeln – und dadurch verlieren sie die Macht über sie.

Das Gefährliche an dem Phantasieren ist, daß man es allmählich immer mehr braucht, um überhaupt erregt zu werden, und dann später in der Ehe dem Partner gar nicht mehr begegnen kann, weil seine Wirklichkeit den Phantasien nicht entspricht. Auch können sie uns zu Handlungen hinreißen, die wir im Grunde gar nicht wollen. [22]

Wir legen Ihnen einen Artikel von einer amerikanischen Psychologin bei. Er wird Sie interessieren, weil sie auch eigene Erfahrungen im Umgang mit Phantasien weitergibt [23].

Dieser Artikel würde möglicherweise auch Arndt helfen. Es war sicher klug, daß Sie seine Frage übergingen. Nein, in Ihrem Alter können Sie einem Jungen bei diesem Problem nicht helfen, ganz abgesehen davon, daß man niemand geistlich helfen kann, wenn man in ihn verliebt ist. Sie dürfen ihm aber anbieten, daß er sich an uns wendet. Auf keinen Fall sollten Sie ihm von Ihren eigenen Nöten auf diesem Gebiet schreiben.

Ihr Traum bedeutet übrigens, daß sich bei Ihnen die homo-erotische und die hetero-erotische Phase noch überschneiden, und daß Sie noch auf der Suche nach Ihrer Identität als Mädchen sind. Wir bezweifeln, ehrlich gesagt, ob Ihnen bei dieser Suche das Sichgönnen von M. helfen würde.

Doch nun zu einem anderen Fall. Ein junger kaufmännischer Angestellter war ein leidenschaftlicher Cello-Spieler. Als er sich auf eine Prüfung vorbereiten mußte, versagte er sich das Cellospiel. Gleichzeitig begann er zu masturbieren. Wir rieten ihm lediglich, sofort wieder Cello zu spielen – und er war sofort frei davon.

Ein anderer Junge kämpfte dauernd, wenn er auch nur sehr selten nachgeben mußte. Aber wegen dieser wenigen Male fühlte er sich verdammt, pervers und schmutzig und quälte sich mit Selbstvorwürfen. Bei ihm hatte ich die Eingebung zu sagen: Du darfst es ruhig tun. Du bist deshalb weder verdammt noch pervers noch schmutzig. Jahre später schrieb er mir, daß er es seither nie mehr getan hatte. Es hatte den Reiz des Verbotenen verloren. Freilich weiß ich, daß dieser Rat bei einem anderen hätte ganz verkehrt sein können.

Ein anderer junger Mann – ein Christ übrigens – nennt M. das »kleinere Übel« und meint, daß er dadurch seine Braut schützt. Wir haben ihm nicht widersprochen. In seinem letzten Brief hieß es, daß für ihn diese Form der Entspannung immer seltener nötig wäre, je tiefer seine Liebe wachse.

Witwen, vor allem junge Witwen, haben es wohl besonders schwer, da ihre Sexualität voll aufgeweckt ist und sie meist noch mit allen Fasern ihres Herzens an dem geliebten Mann hängen. Manchmal hilft es ihnen, es sich einmal im Zyklus zu erlauben, dann, wenn das Drängen besonders stark ist. Meist ist das kurz vor der Menstruation. Sie halten das zwar auch nicht für eine ideale Lösung, aber es hilft ihnen, ohne Angst und im Frieden mit sich selbst zu leben. Es ist bei ihnen auch nicht einfach ein auto-erotischer Akt, denn sie denken dabei an den verstorbenen Gatten. Aber auch dieser Weg ist nicht einfach auf alle übertragbar.

Neulich schrieb uns sogar eine siebzigjährige Witwe: »Nach dem Tode meines Mannes hatte ich häufige erotische Träume, die manchmal zu einer solchen Spannung führten, daß ich Schmerzen hatte.

Meine Frauenärztin riet mir zur Masturbation. Als ich ihr sagte, bisher hätte ich M. für Sünde gehalten und ich hielt sie mindestens für eine Sache, die gegen die Selbstachtung sei, entgegnete sie mir, ich solle doch einmal an die vielen Frauen denken, die allein durchs Leben zu gehen gezwungen wären. Diese Äußerung hat meine Auffassung ins Wanken gebracht.«

Wir konnten ihr nur antworten, was wir Ihnen bereits einmal andeuteten: Wir kennen Menschen, die sagen, daß sie kein schlechtes Gewissen haben, wenn sie sich in einer Notlage entspannen, und daß das ihr Verhältnis zu Gott nicht stört. Wir widersprechen diesen Menschen nicht und gestehen ihnen zu, daß sie vor Gott diese Freiheit haben. Diese Notmasturbation ist ohne Zweifel etwas anderes als die regelmäßige Gewohnheit oder gar suchtartige Abhängigkeit. Sie ist aber auch noch etwas anderes als das, was Sie mit dem »Sichgönnen« meinen. Wir kennen aber auch andere Menschen, die einfach sagen, daß jedesmal, wenn sie es tun, ihr Verhältnis mit Gott gestört ist. Das ist auch dann der Fall, wenn sie es aus einer Notlage heraus tun. Auch diesen Menschen widersprechen wir nicht. Für sie hilft dann nur ein Zuspruch der Vergebung und ein Neuanfang aus der Kraft Gottes heraus.

Sie sehen, Ilona, wie schwierig die Antwort auf Ihre Frage ist. Hier kann sich jeder nur selbst entscheiden. Keiner darf dem anderen die Entscheidung abnehmen. Wenn Sie die Hochgratwanderung versuchen wollen, müssen sie es selbst verantworten. Wir sind nicht Herr über Ihr Gewissen, sondern der Heilige Geist, der Ihnen in jeder Situation die Frage beantworten muß, ob Sie ein reines Gewissen haben dürfen oder nicht.

So gehen wir mit etwas Herzklopfen neben Ihnen her und entlassen Sie fürbittend in die Freiheit der Reife.

15. Juli abends

Liebes Ehepaar T.!

Ich wollte, Ihr letzter Brief hätte überhaupt Ihr letzter Brief an mich sein können. Welch ein glorreicher Abschluß unserer Korrespondenz! Ilona, die Tapfere und Fromme, hat ihr Problem gelöst! Sie kann nun entlassen werden in die »Freiheit der Reife«!

Ach, nein, sie kann es nicht!

Ich habe mir selber den besten Beweis geliefert, daß M. für mich Sünde ist und bleibt. Gestern nachmittag ist es nämlich wieder zwei- oder sogar dreimal passiert. Sie werden erschrocken sein wie ich es bin und sich wundern, daß ich noch nicht einmal mehr weiß wie oft.

Ja, wenn ich an diesen Nachmittag zurückdenke, dann weiß ich nur noch etwas von einem großen Aufruhr von Gefühlen in mir (die ein Psychologe vielleicht als Aggressionen bezeichnen würde). Ich habe versucht, mir über sie klar zu werden und ihnen an die Wurzel zu gehen. Wie konnte es zu diesem Rückfall kommen?

An der Oberfläche waren äußere Umstände. Ich sah, wieviel ich noch lernen mußte und war schrecklich ärgerlich darüber, daß ich das, was zu lernen war, nicht schnell verstand, und daß das Arbeiten mir so schwer fiel. Außerdem war ich in einem Konflikt. Meine Mutter arbeitete im Garten und ich wollte ihr gern helfen, weil ich wußte, daß es ihr zuviel wurde. Auf der anderen Seite mußte ich lernen, wenn ich nicht zu große Lücken bekommen wollte.

Das Lernen an der Universität ist so neu für mich und so anders als in der Schule, wo man seinen festen Platz in der Klasse hatte in einem festen, in vielen Jahren eingeübten Arbeitssystem. Es fällt mir schwer, meinen eigenen Arbeitsstil zu entwickeln und Durchblick durch den Stoff zu bekommen.

Ich glaube auch, es hatte sich sexuelle Spannung aufgestaut durch Bilder von Filmen, die ich in der Stadt gesehen habe. »Wie Tiere«, denke ich immer, wenn ich sie sehe. Aber ich sehe sie trotzdem manchmal an.

Alle diese Gefühle flossen in mir zusammen, und ich versuchte durch M. die Spannung zu lösen. M. kommt bei mir immer aus der Traurigkeit, nie aus der Fröhlichkeit. Aber das war nur an der Oberfläche.

In einer tieferen Schicht hatte es mit Arndt zu tun. Ich hatte ihm, wie Sie vorschlugen, geraten, sich mit seinem »persönlichen Problem« – wie ich es nannte

– an Sie zu wenden. Er hatte es aber nicht direkt getan, sondern mir den Brief an Sie in einem offenen Umschlag zum Weiterleiten beigelegt. Ich habe ihn gelesen. Das hätte ich nicht tun sollen. Ich verstehe jetzt, was Sie meinen, wenn Sie schrieben, daß ich als Mädchen in meinem Alter einem Jungen bei diesem Problem nicht helfen kann. Ich mußte immer irgendwie über Arndts Brief, den ich beilege, nachdenken und indem ich darüber nachdachte, überkam es mich.

Aber im Tiefsten hatte es mit meinem Verhältnis zu Gott zu tun. Seit längerer Zeit schon hatte ich meine Bibel nicht mehr regelmäßig gelesen, und das machte sich einfach in einem fehlenden Kontakt mit Gott bemerkbar. Ich fragte gar nicht mehr nach Gottes Willen für mich, erwartete auch nicht, daß Gott mich durch das Wort der Bibel ansprach. Gott schien in den letzten Tagen ganz weit weg zu sein, und mein Gebet war irgendwie leer.

Praktischer, äußerlich sichtbarer Ausdruck dieses Zustandes war, daß ich das Verzichten im Alltag, z. B. bei Süßigkeiten, aber auch in anderen Dingen, nicht mehr übte. Ich muß mir einfach sagen: Du hast M. durch dein Verhalten die Möglichkeit gegeben, dich zu überwältigen.

Zum ersten Mal verstehe ich wirklich 1. Mose 4, 7. Bei Luther heißt dieser etwas dunkle Vers so: »Ist's nicht also? Wenn du fromm bist, so bist du angenehm, bist du aber nicht fromm, so ruht die Sünde vor der Tür, und nach dir hat sie Verlangen, du aber herrsche über sie«.

In meinen eigenen Worten will ich das einmal so wiedergeben: »Ilona, ist es nicht so: Wenn Du Kontakt mit Gott hast, also ihm angenehm, von ihm angenommen bist, dann kannst Du Dich auch selbst annehmen, kannst verzichten, herrschen über Dich und jedes Verlangen.« Oder wie ich eben in der Übersetzung von Menge entdecke: »Dann kannst du dein Antlitz frei erheben.«

Hast Du aber keinen Kontakt mit Gott, dann machst Du der Sünde die Tür auf. Sie lauert zwar immer vor der Tür, aber nur dann wirst Du für sie offen, nur dann spürst Du ihr Verlangen. Nur dann springt der Tiger und Du kannst nicht mehr über ihn herrschen.

Eben lese ich den Vers noch einmal nach und erschrecke, wie bei Menge im vorhergehenden Vers die Frage Gottes an Kain übersetzt ist: »Warum bist Du erregt worden?«

Ja: Warum bin ich erregt worden?

Das ist die Grundfrage. Nicht *daß* ich erregt wurde, sondern *warum* ich erregt wurde, weist auf meine Sünde hin. Denn ich muß mir antworten: Weil ich keinen Kontakt mehr mit Gott hatte.

Es steht für mich eindeutig fest: M. ist für mich primär Ausdruck der Kontaktlosigkeit mit Gott und darum Sünde. Mag es bei anderen anders sein. Das geht mich nichts an und darf mich nichts angehen. Bei mir ist das so.

Die Frage, ob M. Sünde ist, ist bei mir immer der Anfang vom Ende des Widerstandes. Es geht genau so wie in der Geschichte vom Sündenfall. »Sollte Gott gesagt haben . . .«

Vorher sage ich: M. ist keine Sünde. Hinterher sehe ich: Wenn M. keine Sünde für mich wäre, würde ich mich bei jeder Gelegenheit darauf zurückziehen und total abhängig werden von M.

Ohne das Wissen, daß es sich bei mir um Sünde handelt, wenn ich M. zulasse, bin ich in Gefahr. Ich kann dann gar nicht klar entscheiden: »Stopp«! Ich komme nur weiter, wenn diese Frage für mich ein für allemal beantwortet ist. Ich habe um ein nochmaliges Wort gebetet, das mir klar macht: Das ist Sünde für dich.

Ich merke es auch daran, daß ich es gleich ein zweites oder drittes Mal tun mußte. Nein, es gibt für mich nicht – oder jedenfalls nicht mehr – den Fall, daß es »nötig« sei und erst recht natürlich nicht not-wendig. Wenn es wirklich nur eine »nötige« Entspannung wäre, dann müßte ich es doch bei einem Mal bewenden lassen können und nicht wiederholen müssen.

Es ist genau so wie mit den Süßigkeiten. Wenn ich mir z. B. vorgenommen habe, an einem Tag keine

Süßigkeiten zu essen und es dann doch tue, esse ich gleich ganz viel, weil ich mir trotzig sage: Jetzt hast du schon mal was gegessen, dann kannst du auch gleich noch mehr essen!

Genau so ist es mit M. Ich sage mir dann auch, daß ich es ja doch nie schaffen werde, eine rechte Christin zu werden. Ich kann mich genau selber analysieren. Es ist eine Reaktion, in die ich mich echt hineinsteigere. Schlußfolgerung: Wenn ich die Tür aufmache, werde ich sofort beherrscht. Ich kann mir die Hochgratwanderung nicht zutrauen, denn ich merke, wie ich in die Gewohnheit abzustürzen drohe bzw. abgestürzt bin.

16. Juli vormittags

Heute morgen habe ich in Bonhoeffers Buch »Gemeinsames Leben« das Kapitel über die Beichte gelesen. Darum bitte ich jetzt ganz konkret um ein persönliches Gespräch mit Ihnen beiden, weil es mir schwerer fällt als das Schreiben. Ich bete, daß ich bei diesem Gespräch ganz offen bin und nicht etwas aus Scham auslasse.

Sie haben mir bisher nie ein solches Gespräch angeboten, obwohl ich es eigentlich erwartet hatte. Nach Ihrem letzten Brief verstehe ich nun warum: Sie wollten in mir nicht die falsche Hoffnung erwecken, als lösten sich plötzlich und mit einem Schlag, gewissermaßen automatisch, durch eine Beichte alle Probleme.

Dieser Brief besteht aus meinen tiefsten Gedanken und ist eigentlich schon eine Beichte. Alles, was ich geschrieben habe, habe ich gestern abend im Gebet schon Gott, meinem Herrn, hingelegt. Ich konnte nicht anders als mich an seinem Wort festhalten, »Wer zu mir kommt, den werde ich nicht hinausstoßen.«:

> Vater, ich danke Dir, daß ich mit all dieser Schuld zu Dir kommen darf, nicht, weil mein Gefühl es sagt, sondern weil ich mich an Dein Wort klammern darf, daß Du treu bist. Wenn ich es nicht bin, so bist Du es! Danke, daß ich diese Last von M. auf Dich werfen darf und nicht in den kommenden Tagen mit mir herumschleppen muß. Danke, daß Deine Gnade größer ist als mein Herz, und nur darum bitte ich Dich: Herr, vergib mir! Danke, daß Du mir die Kraft gegeben hast, diesen Brief zu schreiben.

24. Juli

Liebe Ilona!

Das war ein großer, tiefer Brief, der uns wieder zeigte, daß wir durch unseren Briefwechsel letzten Endes doch die Beschenkten sind.

Wir sind erleichtert, daß Sie sich selbst die Hochgratwanderung nicht zutrauen, aber auch froh, daß wir sie Ihnen nicht einfach verboten haben. Gott selbst hat mit Ihnen gesprochen, und nun gilt es IHM und nicht uns zu gehorchen.

Ein gründliches, bereinigendes Gespräch ist sicher ein guter Weg dazu. Nun ist die Stunde wohl reif zu diesem Schritt und wir freuen uns, daß wir Sie auf diese Weise einmal sehen werden. Daß wir Sie »kennen lernen« werden, können wir nicht sagen, denn wir kennen Sie durch Ihre Briefe wohl besser als manchen anderen, den wir täglich sehen.

Es freut uns besonders, daß Sie kommen wollen, obwohl Sie diesen Schritt des Aussprechens schwerer empfinden als das Schreiben. Für viele ist ein Beichtgespräch gerade deshalb hilfreicher als das Bekennen vor Gott allein oder auch als die allgemeine Beichte in der Kirche. Freilich darf man daraus aber auch wiederum kein Gesetz ableiten, als erführe nur der Vergebung, der in Gegenwart von

Menschen seine Sünden Gott bekennt. Die Beichte ist keine Heilsnotwendigkeit, aber eine Hilfe zur Heilsgewißheit. Denn die Hauptsache ist dabei nicht das Aussprechen der Sünden, sondern der Zuspruch der Vergebung.

Was Arndt anbetrifft, so zeigt das natürlich ein großes Vertrauen, wenn er Ihnen diesen erschütternden Brief offen beilegte und also wollte, daß Sie ihn lesen. Aber er hilft Ihnen dadurch nicht, wie Ihr Brief bestätigt. Ebensowenig würden Sie ihm helfen, wenn Sie ihm von Ihren eigenen Nöten schrieben. Andererseits verstehen wir schon, was er Ihnen sagen wollte. Es sind wohl vor allem folgende Sätze, die Sie angehen:

»Dieses mein Innenleben hat niemand bis jetzt bemerkt. Keinem einzigen Menschen ist je etwas bei mir aufgefallen. Dabei wünschte ich es so, um irgendwie von M. abgebracht zu werden«.

Das ist ein Hilfeschrei an Sie. Jetzt verstehen wir auch, warum er Ihre Beziehung von vornherein nicht auf »Zärtlichkeiten«, also auf dem körperlichen Bereich aufbauen wollte. Er erwartet von Ihnen eine Wegwendung vom Körperlichen und eine Hinwendung auf das »Innenleben«. Irgendwie braucht der Junge das Mädchen dazu, um diese Hinwendung vollziehen zu können.

Deshalb würden Sie ihm also gerade nicht helfen, wenn Sie aus Mitleid oder als eine Art »Medizin« geschlechtliche Beziehungen mit ihm aufnehmen würden. Wir haben zwar nicht den Eindruck, daß

Sie daran denken, aber wir wollten es doch wenigstens erwähnen, denn manche meinen das. Gerade dadurch würden Sie Arndt daran hindern, ein Mann zu werden, der gelernt hat, mit seiner Sexualität umzugehen, ganz abgesehen von allen anderen Problemen, die dann auftauchen und Sie beide sicher in noch größere Gewissenskonflikte stürzen würden.

Ihre Frage, die Sie uns einmal stellten, wie es sich beim Jungen verhalte, ist Ihnen ja nun an einem sehr konkreten Beispiel beantwortet worden. Sie sehen, wie – genau wie bei Ihnen – die Kontaktarmut des Kindes eine Rolle spielt. Der Vater wird überhaupt nicht erwähnt und die Mutter nur negativ, da sie berufstätig war. Erschütternd finden wir den Satz: »Sie ließ mich wie ich war. Ich liebte sie schon, konnte ihr aber meine Liebe nicht zeigen.«

Da er keine Fragen stellte, sprach auch niemand mit ihm, und der erste Samenerguß muß auf ihn wie ein Schock gewirkt haben, ähnlich wie bei einem unvorbereiteten Mädchen die erste Menstruation. Jener Klassenkamerad im Internat, der ihn dann in das »Wixen« einführte, hatte natürlich leichtes Spiel, zumal Arndt von seinen Lehrern nie gelobt wurde und deshalb Zuflucht zu diesem Ersatztrost nahm.

Übrigens kann Ihnen der Brief auch deutlich machen, wie viel härter ein Junge doch ringen muß im Vergleich zum Mädchen, um seine Sexualität zu meistern. Bei ihm ist die »nötige« M. in einer gewissen Entwicklungsstufe doch relativ »nötiger« und vielleicht auch »not-wendiger« als beim Mädchen. Mädchen ahnen oft nicht, was sie einem Jungen antun, wenn sie ihn aufreizen.

Auch das können Sie an dem Brief studieren, wieviel größer die Unsicherheit und Angst des Jungen vor dem Mädchen doch ist als umgekehrt. Er fühlte sich ja eine Zeitlang so schlecht und sündig, daß er gar nicht wagte, ein Mädchen anzureden. Es war also ein großer Schritt für ihn, als er auf Sie zuging. Aus der Tatsache, daß er nicht wagte, nach einem Samenerguß zum Abendmahl zu gehen, können Sie wieder den Zusammenhang mit dem religiösen Leben erkennen, wie übrigens auch aus Arndts Kindheitswunsch, Missionar zu werden, um seine »Sünde« wiedergutzumachen.

Und dann der Satz, den wir Ihnen noch einmal abschreiben möchten, weil er wie eine Vorbereitung auf unser Gespräch klingt: »Als ich nach einer Beichte in der leeren Kirche saß, da fühlte ich Gott ganz nahe bei mir oder in mir. Dieses Gefühl kam nie wieder, deshalb bin ich mir so sicher ... Ich möchte wieder einmal diesen faszinierenden Hauch, dieses herrliche Gefühl der Jungfräulichkeit in mir spüren.«

Wann kommen Sie?

5. September

Liebes Ehepaar T.!

Eigentlich wollte ich Sie gestern abend noch anrufen, um Ihnen zu sagen, wie dankbar ich für alles bin, das Sie mir gaben. Aber am Telefon läßt sich so etwas schlecht ausdrücken und so will ich es Ihnen lieber schriftlich sagen: Danke, daß Sie sich die Zeit für mich genommen haben und für die Liebe, die Sie mir gaben.

Der Spruch steht auf meinem Schreibtisch: »Wer reine Hände hat, der nimmt an Stärke zu« (Hiob 17,9). Das ist »mein« Spruch geworden, der mich von nun an begleiten wird und den ich mir immer vorsage, wenn ich Gott als »weit weg« empfinde.

Ich fragte Sie ja einmal, wie man eigentlich »Buße« tut. Nun weiß ich es. Es ist etwas Schönes. Solch ein Gespräch mit Gott vor Zeugen hat eine ganz große Auswirkung auf das tägliche Leben. Es ist eine reale Kraft. Gottes Vergebung wurde mir zugesprochen, aber nicht als etwas Selbstverständliches, das gewissermaßen automatisch auf eine Sünde folgt, sondern als Hilfe zum weiteren Weg, als etwas, das mir hilft, mutig weiterzugehen. Mir wurde ganz gewiß: Auch für mich ist Jesus gestorben. Alles, was ich in Ordnung zu bringen hatte mit Vater, Mutter und Geschwistern, habe ich in Ordnung gebracht.

Sehr dankbar bin ich auch, daß ich Dich, Ingrid, kennenlernen durfte. (Danke für das Du!). Durch Dein »Sein«, vielleicht kann man sagen, durch Deine »Ausstrahlung« konnte ich erfahren, wie schön es ist, wenn man sich als Frau ganz annimmt. Mir ist ganz klar geworden, daß die Selbstannahme der entscheidende Schlüssel zur Lösung des M.-Problems ist.

Ich glaube, ich beginne jetzt zu begreifen, was es heißt, den »Tiger ins Wohnzimmer« zu lassen. Wenn ich etwas tue, ertappe ich mich manchmal bei dem Gedanken: Das tust du jetzt als Mädchen, auch mit deiner ganzen geschlechtlichen Kraft.

Dazu hat mir auch das Heft von Mary Stewart [24] sehr geholfen. Ich las es in der Bahn noch einmal.

Ein Satz hat mich besonders getroffen: »I wanted God's Spirit more than I wanted physical titillation« (Mich verlangte mehr nach Gottes Geist, als nach einem körperlichen Kitzel).

Ich mußte mir die Frage stellen: Kannst du das auch von dir sagen?

Außerdem finde ich es sehr gut, daß die Autorin auch von sexuellen Phantasien redet und die Erfahrung bezeugt, daß wir auch sie Gott überlassen dürfen. Das geht mich auch an. Denn wenn der Trieb in mir ganz stark wird, was immer in der Woche ist, bevor ich die Regel bekomme, phantasiere ich viel.

Auch diese Phantasien will ich nun Gott übergeben, damit ich auch sagen kann: »I desired all things that I might enjoy life. God gave me life that I might enjoy all things« (Ich wollte alles haben, um ein Leben der Freude zu gewinnen. Gott schenkte mir Leben, um mir in allem Freude zu geben).

In einem Punkt unterscheide ich mich allerdings von Mary Stewart. Sie hat in ihrem Leben einen ganz klaren Einschnitt. Sie kann sagen: *Bevor* ich Christus kennenlernte, hatte ich Angst, fühlte Einsamkeit usw. *Nachher* war es ganz anders – und da ich dies nicht verlieren wollte, ändere ich mein Verhalten.

Ich kann solch einen Einschnitt in meinem Leben nicht festlegen. Eigentlich habe ich ein Leben ganz ohne Gott nie gehabt. Es gibt nur Marksteine und auch unser Gespräch war nur solch ein Markstein, wenn auch ein Besonderer. Wohl geht es bei mir voran, vielleicht auch aufwärts, allmählich, aber immer durch Täler. Es ist bei mir eher wie bei einem Rad, bei dem jede Stelle immer wieder an einen Tiefpunkt kommt, immer wieder »unten durch« muß, wenn es vorwärts rollt.

Es ist sicher falsch, sich zu vergleichen. Gott geht mit jedem anders um, ganz persönlich, einmalig. Ich halte mich an das, was Sie mir bei dem Gespräch sagten: »Gott baut keine Reihenhäuser. Es gibt keinen von uns ein zweites Mal«.

Als ich heimkam, lag ein Brief von Arndt da. Er drängt sehr auf Bindung und Entscheidung. Es scheint ihm unmöglich, vier Jahre warten zu müssen mit der Ungewißheit, ob es überhaupt etwas wird. Er will kommen und alles besprechen.

Ich halte das aber nicht für gut. Es würde Unreifes herauszwingen, was noch im Verborgenen wachsen muß. Ich werde ihm schreiben, daß ich erst einmal frei studieren möchte, viel lernen will und ich selber werden muß, ehe ich mich binden kann. Das ist mir ganz klargeworden.

Deshalb werde ich ihn auch bitten, mich nicht als feste Freundin zu betrachten. Aber ein Du, ein Gegenüber will ich ihm gerne sein. Gewiß, das ist auch eine Hochgratwanderung, aber diese traue ich mir zu. Inzwischen bin ich ja 19 Jahre alt geworden und da wird's allmählich Zeit, daß ich erwachsen werde.

Die Sehnsucht nach einer tiefen Beziehung, die Geborgenheit schenkt, ist natürlich auch bei mir da. Aber gerade in den letzten Tagen habe ich eine Karte mit folgendem Wort darauf gefunden, das mir geholfen hat, die Spannung auszuhalten. Dieses Wort will ich Arndt schreiben:

»Nur die Dinge sind wichtig, auf die man warten kann«.

Nachgespräch mit dem Leser

Am liebsten wäre es uns, wenn Sie nun nichts mehr fragen müßten, weil Sie genug praktizierbare Hinweise in diesem Briefwechsel gefunden haben, um Ihren eigenen Weg gehen zu können. Sollte aber noch die eine oder die andere ganz persönliche Frage offen sein, dann dürfen Sie uns auch schreiben.

Eins möchten Sie jedoch sicher gern noch wissen: Wie ist es nach dem letzten hier veröffentlichten Brief mit Ilona weitergegangen?

In den folgenden zwei Jahren wurde unser Briefaustausch seltener. Sie wurde selbständiger und schrieb, daß sie M. nicht mehr brauche, es sei ihr zu oberflächlich, sage ihr nichts mehr. Sie habe gelernt, tiefere Gefühle zu empfinden und ihr Frausein zu bejahen. »Ich bin jetzt richtig froh, daß ich noch ungebunden bin und noch so viele Möglichkeiten sehe zu lernen und zu wachsen«. Eine gute Zeiteinteilung erschien ihr als eine der wichtigsten Hilfen. Zweimal noch passierte ihr ein »Ausrutscher«, wie sie es nannte, der sie sehr ärgerte, aber nicht daran hinderte, »getrost und fröhlich weiterzuleben«.

Als wir sie anriefen, um zu erfragen, wie sie sich zu einer eventuellen Veröffentlichung unseres Briefwechsels stellen würde, an die sie natürlich nie gedacht hatte, erbat sie sich einen Tag Bedenkzeit und sagte dann etwa Folgendes:

»Wenn Gott so wunderbar ist, daß er selbst meine Schuld und mein Versagen noch dazu benutzen kann, anderen zu helfen, dann kann ich nur dankbar und vertrauend ›ja‹ sagen. Der Gedanke, daß diese Briefe nur mir allein gegeben sein sollten, hat mich ohnehin immer beschwert. Darum bin ich froh, daß ich sie nicht für mich zu behalten brauche, sondern weitergeben darf. Gleichzeitig ist die Veröffentlichung für mich eine Herausforderung, zu dem zu stehen, was ich als Hilfe erfuhr und zu leben, was ich als wahr erkannte.«

Wir wollen Ilona D. dadurch danken, daß wir das für sie erbitten.

Walter und Ingrid Trobisch

Anhang I

Tigergeschichte

Du schreibst, Christus habe Dein Gebet nicht erhört. Ich frage Dich, worum Du gebeten hast. Daß er Dich von Deiner Geschlechtlichkeit erlöst? Was willst Du denn? Ungeschlechtlich werden, keinen Trieb mehr verspüren?

Das gibt es nicht. Was einer tut, das tut er immer als Mann oder Frau. Deine Geschlechtlichkeit ist in Deinem Wachen und Schlafen. Wenn Du arbeitest und wenn Du spielst, ist sie mitbestimmend dabei. In Deinen heiligsten Gefühlen und reinsten Gebeten ist sie da.

Wenn Du an Christus glaubst, dann weißt Du, daß Dein Leib ein Tempel des Heiligen Geistes geworden ist. Wenn Du um die Verstümmelung des Tempels bittest, wird Dich Christus nicht erhören. Christus will Dich fähig machen, mit Deiner Geschlechtlichkeit zu leben. Ich weiß, daß es viele Christen gibt, die sich zurückziehen und in sich gekehrt leben. Sie weichen dem anderen Geschlecht aus und meinen, daß sie deshalb ganz besonders reife und erlöste Christen sind. Sie irren sich. Wer glaubt flieht nicht, sondern überwindet. Überwinden heißt auf dem Weg zur Herrschaft sein. Dazu will Christus Dich anleiten, nicht zur Flucht.

Du kannst Deiner Geschlechtlichkeit nicht entfliehen, denn Du bist sie selber. Sie gehört zu Dir.

Laß Dir eine Geschichte erzählen!

Es war einmal ein Tiger. Man hatte ihn gefangen und in einen Käfig gesperrt. Ein Wärter bekam die Aufgabe, ihn zu füttern und zu bewachen.

Der Wärter wollte sich den Tiger zum Freunde machen und redete ihm gut zu, wenn er an den Käfig kam. Aber der Tiger betrachtete ihn feindlich mit seinen grünglühenden Augen. Sprungbereit folgte er jeder Bewegung des Wärters.

Da bekam der Wärter Angst vor dem Tiger und bat Gott, daß er den Tiger zähmen möge.

Eines Abends – der Wärter war schon schlafen gegangen – verlief sich ein kleines Mädchen in die Nähe des Käfigs und kam den Eisenstäben zu nahe. Der Tiger erreichte es mit seiner Pranke. – Ein Schlag. – Ein Schrei. – Als der Wärter erschien, fand er zerrissenes Menschenfleisch und Blut.

Da wußte der Wärter, daß Gott den Tiger nicht gezähmt hatte. Seine Angst wuchs. Er trieb den Tiger in ein dunkles Loch, wo kein Mensch hinkam.

Aber nun brüllte der Tiger Tag und Nacht. Das Gebrüll ließ den Wärter nicht mehr schlafen. Es erinnerte ihn an seine Schuld. Immer sah er im Traum das zerrissene Mädchen. Da schrie er auf vor Qual. Er bat Gott, er möge den Tiger sterben lassen.

Nun antwortete Gott. Aber die Antwort war anders, als der Wärter erwartet hatte. Gott sagte: »Laß den Tiger in Dein Haus, in Deine Wohnung, in Dein schönstes Zimmer!«

Der Wärter hatte keine Angst mehr vor dem Tode. Lieber wollte er sterben, als das Gebrüll hören. So gehorchte er. Er öffnete dem Tiger die Tür und betete: »Dein Wille geschehe!«

Der Tiger trat ein, stand still. Lange sahen sie sich in die Augen. Als der Tiger merkte, daß der Wärter ohne Furcht war und sein Atem ruhig ging, legte er sich ihm zu Füßen.

So begann es. Aber nachts brüllte der Tiger wieder, und der Wärter bekam Angst. Wieder mußte er ihn hereinlassen, sich ihm stellen. Wieder mußte er ihm ins Auge sehen. Immer wieder. Jeden Morgen.

Nie hatte er ihn für immer in der Gewalt, »ein für allemal«. Immer wieder mußte er ihn überwinden. Jeden Tag wiederholte sich die Mutprobe.

Nach Jahren wurden die beiden gute Freunde. Der Wärter konnte den Tiger berühren, ihm die Hand zwischen das Gebiß legen. Nur aus den Augen durfte er ihn nicht verlieren. Wenn sie sich ansahen, erkannten sie sich und wußten dankbar, daß sie zusammengehörten und einander nötig hatten zu einem volleren Leben. –

François, Du mußt lernen, mit dem Tiger zu leben, mutig, Auge in Auge. Dazu will Dich Christus befreien[25].

Anhang II

Sexuelle Freiheit

Wenn ich das geahnt hätte, damals, als ich Christ wurde. – Wenn ich die ethischen Maßstäbe der Bibel über sexuelle Dinge ernst genommen hätte. Wenn ich gewußt hätte, daß Gott wirklich tut, was er sagt (»Ich will meinen Geist in euch legen und solche Leute aus euch machen, die in meinen Geboten wandeln und mein Recht halten und danach tun.« Hes. 36, 27), daß er geduldig und sorgfältig die gesammelten Gewohnheiten von 27 Jahren abbauen und durch neue Verhaltensweisen ersetzen würde, hätte ich mir wohl zweimal überlegt, ob ich mich mit diesem Christentum einlassen sollte. Sehen Sie, ich war eben eine sehr freie junge Frau zu der Zeit. Soweit ich zurückdenken kann, hatte ich eine reiche sexuelle Phantasie. Ich hatte schon in frühem Alter ausgiebig gelernt, mich selbst zu befriedigen. Ich konnte die Männer kaum zählen, mit denen ich nacheinander geschlafen hatte. Im Geist der Frauenbefreiungsbewegung, in der ich ziemlich aktiv war, begann ich meine Bisexualität auszuprobieren. Als ich Christ wurde, hatte ich nicht die Absicht, irgend etwas davon aufzugeben. Ich war der Meinung, daß es auf den Geist des Gesetzes ankommt, nicht auf den Buchstaben, daß »Liebe« oberstes Prinzip sei, und daß ich im Bett so gut wie irgendwo von Christus Zeugnis ablegen könne.

Eine Schicht nach der anderen

Aber zu meinem wachsenden Erstaunen änderte sich alles. Nicht plötzlich. Nicht auf allen Gebieten gleichzeitig. Nicht, indem jemand auf mir herumhackte oder Schuldgefühle in mir hochspielte (allerdings bin ich überzeugt, daß viele für mich beteten). Gott arbeitete an mir, wie wenn man sorgfältig eine Schicht nach der anderen von einer Zwiebel schält.

Zuerst stellte ich fest, daß mir mein sexuelles Verhalten immer weniger Spaß bereitete. Die verschiedenen Intermezzos waren den Aufwand und die Aufregung nicht mehr wert, die sie verursachten.

Dann begann ich einen Zusammenhang zu erkennen zwischen meinem Denken und Verhalten einerseits und der Erfahrung von Gottes Frieden und Gegenwart andererseits. Es stellte sich heraus: Je mehr ich mich meinem »freien« sexuellen Verhalten hingab, um so mehr wurde ich zurückgeschleudert in die alten Gefühle der Angst und der Hektik.

Wenn ich aber meinen Trieben nicht nachgab (und sei es nur aus Zeitmangel) hatte ich Zugang zu Gottes Kraft und Frieden. Sein Geist löste positive Kräfte in mir aus; ich wollte mehr davon. Wenn das hieß, andere Dinge loszulassen – ich war bereit. Ich behaupte nicht, daß mir das einfach so gelang, ohne zu beten oder zu stolpern. Aber das Grundgefühl war nicht, daß ich »frustriert« und »verklemmt« wurde, im Gegenteil: Befreit und gestärkt. Petrus schreibt: »Wovon jemand überwältigt ist, dessen Sklave ist er geworden« (2. Petr. 2, 19). Bevor ich Christ war, war ich Sklave meiner sexuellen Launen in dem Maß, in dem ich mich von ihnen bestimmen ließ. Es ist nicht erstaunlich, daß die erste Schicht, die der Herr von der Zwiebel löste, mein geschlechtliches Verhalten anderen Menschen gegenüber betraf. Ich merkte (wieder ohne daß mich jemand darauf aufmerksam machte), daß das Bedürfnis nach ständigen sexuellen Beziehungen im Grunde nichts mit der Erleichterung von Spannungen zu tun hatte. Es war vielmehr ein verzweifelter Kampf gegen eine uneingestandene Einsamkeit und Isolation; es war der beste (oder einzige) Weg, den ich kannte, um zu etwas Bestätigung zu kommen: Daß sich jemand für mich interessierte, sich um mich kümmerte, Anteil nahm – wenigstens für kurze Zeit.

Endlich allein im Bett!

Nachdem ich wochen- und monatelang versucht hatte, auf mehreren Hochzeiten zu tanzen (d. h. Christ zu sein und doch herumzuschlafen), wurden mir zwei wichtige Dinge klar. Erstens: Ich hatte zwar nie Schwierigkeiten, die gewünschte Bindung einzugehen, aber es gelang mir auch nie, sie festzuhalten. Es war immer das gleiche: Wir begannen mit euphorischer Intimität, aber früher oder später wurde sie zum leeren Ritual. Eine Zeitlang spielten wir das Spielchen weiter, aber dann machte der eine oder andere Schluß mit der festen Absicht, daß es das nächste Mal anders würde. Es wurde nicht anders.

Zweitens: Ich lernte, daß das Gefühl der Einsamkeit wenig damit zu tun hat, ob man mit jemandem das Bett – oder gar das Leben – teilt oder nicht. Ich kann die Nächte nicht zählen, in denen ich wachgelegen und in mein Kissen geheult habe neben einem zufrieden schlafenden Mann, der nicht begreifen konnte, warum ich mich so einsam fühlte. Nicht, daß der betreffende Mann nur auf seinen Vorteil bedacht war und holte, was zu holen war, ohne mir etwas zu geben – auf solche Beziehungen hatte ich mich nicht spezialisiert. Meistens waren es Leute, die selber eine echte und möglichst umfassende Beziehung suchten. – Ich werde aber nie die herrliche Erleichterung vergessen, die ich in jener Nacht empfand, als ich durch den Herrn genug Kraft hatte, »nein« zu sagen – und ich brauchte mich nicht einmal dafür zu entschuldigen oder Erklärungen abzugeben. Wie gut tat es, allein einzuschlafen in meinem eigenen Bett, und wie glücklich war ich, als ich am Morgen aufwachte, ohne daß jemand neben mir lag! Ich habe mich nie in meinem Leben weniger einsam gefühlt.

Übung für den Ernstfall?

Und dann, als ob es nicht genug wäre, daß ich den sexuellen Kontakt mit anderen fröhlich an den Nagel hängte, nahm der Herr mich selber dran! Nun sagt die Bibel sehr wenig direkt über Masturbation, und es scheint viele Christen zu geben, die darin ein gutes Sicherheitsventil sehen und so in Kontakt mit der eigenen Geschlechtlichkeit kommen wollen. Aber Selbstbefriedigung ist fast unvermeidlich mit begehrlichen Phantasien verbunden, die nach der Bergpredigt so schwerwiegend sind wie die Tat selber. »Jeder, der eine Ehefrau ansieht, um sie zu begehren, hat ihr gegenüber in seinem Herzen schon Ehebruch begangen« (Matth. 5, 28).

Außerdem gibt es vernünftige psychologische Gründe, daß Masturbation sich weder als Übung für den »Ernstfall« noch als Sicherheitsventil eignet. Sexuelle Erregung hat stark prägende Wirkung; sie kann sich an irgendeinen Auslöser binden, und wenn sie ständig durch die gleiche Sache ausgelöst wird, kann sie auf diese Sache fixiert werden, so daß sie nur noch so ausgelöst werden kann. Ein Junge zum Beispiel, dessen sexuelle Gefühle zum ersten Mal durch Frauenunterwäsche erregt wurden, kann sich von da an immer an die Vorstellung von Unterwäsche halten, wenn er sich sexuell erregen will. So kann er schließlich nach Jahren solch beschränkter Assoziierung nur noch in Fahrt kommen, wenn er weibliche Unterwäsche um sich hat. Ob Masturbation eine ähnliche, vielleicht weniger exzentrische

Wirkung hat? Viele Menschen fördern die Selbstbefriedigung mit sehr spezifischen Lieblingsphantasien, die sie andauernd wiederholen, bis sie schließlich untrennbar zum Orgasmus gehören. Das Ergebnis: Wenn sie mit anderen sexuellen Kontakt haben, versuchen sie, diesem Traumbild so nah wie möglich zu kommen. Aber keine irdische Erfahrung kann mit Wunschträumen wetteifern. Manchmal geht es besser, manchmal schlechter, aber nie wird sie sich mit dem Traum decken. Man braucht den anderen als Mittel, um das Bild zu erreichen, das man sich ausmalt, wenn man allein ist; so wird der Geschlechtsakt kaum mehr als gegenseitige Selbstbefriedigung.

Ich bin zu einem Schluß gekommen, der merkwürdig klingt und dem Kanon der meisten modernen Sexologen widerspricht: Je naiver man in die Ehe geht, um so mehr gemeinsame seelische und körperliche Erfüllung kann allmählich wachsen. Der Herr polte mein Denken und Verhalten in bezug auf Selbstbefriedigung um, mit dem gleichen Resultat wie beim Schlafen: Allmählich gab ich sie auf – wieder nicht ohne Kampf und Versagen. Aber ich hörte auf. Abstinenz hat einen Sinn: die beste Vorbereitung für das echte Erlebnis mit der richtigen Person.

Auch keine Tagträume mehr?

Nicht genug damit! Ich hatte Zügellosigkeit und Selbstbefriedigung glücklich über Bord geworfen, und nun legte Gott den Finger auf die gelegentlichen Gedanken und Tagträumereien, sogar wenn sie nicht mit einem bestimmten Verhalten verbunden waren. Zuerst dachte ich: »das geht zu weit!« fast jeder gibt sich regelmäßig sexuellen Tagträumen hin. (Eine Untersuchung stellte fest, daß Studenten beiderlei Geschlechts nach eigenen Angaben bis zu einem Viertel ihrer Arbeitszeit mit sexuellen Phantasien beschäftigt sind.) Sie sind ein Mittel, um mit Langeweile, Überdruß, Frustration und Angst fertig zu werden, das zu funktionieren scheint.

Warum also nicht träumen? Ja, warum nicht, wenn die Ereignisse unserer wirklichen Welt bloß blinde Zufälle sind, »voll von Klang und Zorn, der nichts bedeutet«, wie Macbeth es ausdrückt. Wenn es nicht stimmt, daß »denen, die Gott lieben, alle Dinge zum Besten dienen« (Röm. 8, 28), wenn er es zuläßt, daß der Zufall uns seinen Anteil an Sinnlosigkeit, Langeweile und Schmerz bringt, dann wäre es am gesündesten und vernünftigsten, sich gelegentlich in eine freundliche Phantasiewelt zurückzuziehen. Wenn er aber so gut ist wie sein Wort, wenn er der Gott der Geschichte ist, wenn er alle Begebenheiten (die angenehmen und die unangenehmen) in unserem Leben zu einem sinnvollen Ganzen zusammenfügen will mit dem Ziel, uns in sein Bild umzugestalten und zu seinen Mitarbeitern zu machen, dann scheint mir die Auseinandersetzung mit jeder Wirklichkeit unendlich viel wertvoller und spannender als der Rückzug in die schönste Phantasiewelt. Für mich kann ich nur begeistert sagen: Es haut hin. Wirklich, ich möchte nicht ein einziges Bonbon missen, das er für mich bereithält, auch wenn es manchmal einige geistliche Klimmzüge kostet und es im Moment einfacher wäre, sich in angenehme Träumereien gleiten zu lassen. Auch hier bin ich kein glorreicher Streiter. Manchmal glaube ich doch, daß meine Lösungen besser sind als seine. Aber jedesmal beweist er mir, daß ich nicht recht habe. Darum habe ich sogar meine Phantasieträume aufgegeben, und ich vermisse sie nicht einmal.

Das Erstaunliche an diesem ganzen Prozeß ist, daß ich genau da gelandet bin, wo ich nach der Schrift sein soll: Ich bin eine ledige Frau, im Geschlechtlichen still geworden, aber nicht im geringsten geschlechtslos. Der Herr ist ein sehr feinfühlender Lehrer. Er hat mich nie hart angefahren und er hat nie verlangt, daß ich an mehr als einer Sache gleichzeitig arbeite. Er hat mir nie launisch oder unwillkürlich seinen Geist entzogen, sondern er war immer da – und wartete geduldig darauf, daß ich jedesmal, war ich auf die Nase gefallen, näher zu ihm zurückkehren würde, und er schien sich sogar über mein Kommen zu freuen. Er gab mir prächtige christliche Brüder und Schwestern, die mir in meinem Kampf halfen und mich zum nächsten Plateau durchbeteten – immer mit Liebe, nie verurteilend.

Und dazu erfuhr ich, daß er keinen zu kurz kommen läßt; denn für jedes »Spielzeug«, das er von mir forderte, gab er mir etwas Besseres – die Früchte seines Geistes und eine wachsende Integration auf allen Lebensgebieten. Manche mögen denken, das sei ein billiger Ersatz für jene berauschenden sexuellen Höhenflüge, die man in geistigen Träumen oder im körperlichen Kontakt erleben könne. Jenen Lesern möchte ich sagen: Probieren Sie es wenigstens ernsthaft mit Jesus unter dem Einsatz von Kraft. Er kam, um uns »Leben und volle Genüge zu geben« (Joh. 10, 10). Er hat nie gesagt, Sexualität sei etwas Schlechtes, aber er will, daß wir ihm auch in dieser Lebensfunktion vertrauen. Wenn wir unsere verkrampften Fäuste nicht öffnen, kann er uns die Hände nicht füllen und überfließen lassen.

Ich wollte alles haben, um ein Leben der Freude zu gewinnen! Gott schenkte mir Leben, um mir in allem Freude zu geben [26].

Bibliographie

1 Vgl. hierzu Schulte/Tölle, »Psychiatrie«, 2. Auflage 1973 Springer-Verlag, Berlin – Heidelberg – New York, S. 125

2 Horst Wrage, »Mann und Frau«, Gerd Mohn Verlag, S. 69

3 Wrage, a.a.O., S. 159

4 Wrage, a.a.O., S. 86

5 Vgl. Cornelius Trimbos, »Leben mit der Liebe«, Matthias Grünewald Verlag

6 Vgl. hierzu: Seymour-Fisher, »The female Orgasm«, Basic Bootes Inc. 1973, New York, S. 336

7 Vgl. Seymour-Fisher, a.a.O., S. 235 und 278

8 Vgl. hierzu: Affemann, »Geschlechtlichkeit und Geschlechtserziehung in der modernen Welt«, Gerd Mohn, Gütersloh, 1970, S. 87 ff.

9 Siehe Anhang S. 109

10 Vgl. Affemann, a.a.O., S. 139

11 Vgl. Affemann, a.a.O., S. 73 und 88

12 Indessen erschienen unter dem Titel »Mit Freuden Frau sein«, R. Brockhaus Verlag, Wuppertal

13 Wrage, a.a.O., S. 164

14 Vgl. Affemann, a.a.O., S. 171 und 175

15 Seymour-Fisher, a.a.O., S. 334 ff.

16 Vgl. Prill, »Psychosomatische Gynäkologie«, Verlag Urban & Schwarzenberg, S. 35, – Von Gebsattel spricht in lebensgeschichtlicher Hinsicht, von der Masturbation als einer »Aufhebung des Werdens, soweit das Leben sich im Darlegen positiver Ich-Du-Verhältnisse vollzieht«.

17 Vgl. Affemann, a.a.O., S. 117, »Nur wer genügend er selbst ist, kann von sich absehen«.

18 »Weil du ja zu mir sagst,« Christine Heuser, Gustav Bosse-Verlag KG, Regensburg

19 Zitiert nach Zink: »Worauf man sich verlassen kann«, Kreuz Verlag, Stuttgart

20 »Die Zehn großen Freiheiten«, Burckhardthaus Verlag, Gelnhausen, 1965, S. 7

21 Vgl. Helmut Thielicke, Zeitschrift für Evang. Ethik, Mai 1974, S. 140, »Anthropologische Grundtatbestände in individuellen Konfliktsituationen«.

22 Aus Gini Andrews, »Dein halber Apfel, Eva«, Oncken Verlag

23 Auszüge davon im Anhang abgedruckt und als Broschüre beim selben Verlag unter dem Titel »Sexuelle Freiheit« erschienen

24 Vgl. V. Mary Stewart, »Sexuelle Freiheit«, Editions Trobisch, Baden-Baden

25 Mit ausdrücklichem Einverständnis von Herrn Dr. Hans Bürki, entnommen aus der Schrift »Glaubenswelt und Liebesleben« (Vereinigte Bibelgruppen Zürich)

26 Aus V. Mary Stewart, »Sexuelle Freiheit«, Editions Trobisch, Baden-Baden, Dr. V. Mary Stewart, Psychologie-Professor an der York Universität in Toronto, Canada, heute jung verheiratet, hatte eine klare Begegnung mit Christus während einer Studienreise in Zentralafrika.

Als Frau leben

Elisabeth Elliot

13,5 × 20,5 cm – 145 Seiten
ISBN 3-87827-035-6

Dieses Buch ist das Geschenk einer Mutter an ihre Tochter. Valerie ist eine junge Frau, sie steht kurz vor der Ehe und vor der Gründung einer Familie.
Elisabeth Elliot schreibt Erkenntnisse und Erfahrungen ihres Lebens für alle christlichen Frauen, die sich mit den Beziehungen von Mann und Frau auseinandersetzen.
Sie ist auch die Autorin der Bücher DURCHS TOR DER HERRLICHKEIT und IM SCHATTEN DES ALLMÄCHTIGEN, in denen sie über das Leben und Sterben ihres Ehemannes Jim Elliot in Ecuador erzählt.
Neben ihrer Arbeit als Schriftstellerin lehrt sie als Gastprofessorin am Gordon-Conwell-Bible-Seminary.

EDITIONS TROBISCH, 7640 KEHL/RHEIN

Sehnsucht nach Zärtlichkeit

Gerhard Hauer

13,5 × 20,5 cm, 154 Seiten
ISBN 3-87837-041-X

»Nachdem seit vielen Jahren in unseren Kirchen die biblische Lehre zur Diskussion gestellt wird, sind uns unter den Händen die verbindlichen Maßstäbe entglitten. Logischerweise hat sich deshalb auch für die 80er Jahre die Auseinandersetzung verlagert: von der Dogmatik zur Ethik, von der Lehre zur Lebenspraxis.
Aus meiner Arbeit mit jungen Menschen – aber auch den vielen Kontakten mit ratlosen Eltern, Lehrern und Jugendleitern – weiß ich, daß die Fragen, die Gerhard Hauer in seinem vorliegenden Buch »Sehnsucht nach Zärtlichkeit« vom Worte Gottes her beantwortet, die meistgestellten – zumindest unter jungen Christen – sind. Mich erfreut an dieser Arbeit beides: die sachliche Gründlichkeit des Fachmanns und die verständnisvolle Empfindsamkeit des Seelsorgers.
Niemand wird hier einen moralisch erhobenen Zeigefinger entdecken, vielen wird entscheidend geholfen werden.«

Wilfried Reuter, Seeheim

EDITIONS TROBISCH, 7640 KEHL/RHEIN

Mit unerfüllten Wünschen leben

Walter Trobisch

13,5 × 20,5 cm, 140 Seiten
ISBN 3-87827-036-4

»Ich bin sechzehn.« Eines Tages fiel mir beim Beantworten meiner Leserpost auf, daß diese Altersangabe immer wieder vorkam. Ungewöhnliche Briefe, vertrauliche Briefe!

Spannung und Schmerz entstehen in diesem Lebensjahr durch ein Dazwischenhängen in mehr als einer Hinsicht: diese Jungen und Mädchen sind keine Kinder mehr und doch noch keine Erwachsenen. Sie streben nach Loslösung von der Familie und können doch nicht auf eigenen Beinen stehen.

Eltern, die dieses Buch lesen, mögen darüber auch daraus schließen, welche Hilfe für ihr Kind in einer kleinen, zärtlichen Geste liegen könnte, im Zeithaben möglichst allein mit jedem Kind, und im Zuhören, im einfachen, schlichten Zuhören.

Auffallend ist auch, wie viele dieser Jungen und Mädchen bezeugen, was ein lebendiger Glaube vermag und welche Stütze die Gemeinschaft glaubender Menschen ist, um die schwere Zeit zu bestehen.

Es ist in diesem Alter eine hohe Kunst zu erlernen, die sich später einmal im Leben bewähren wird, ganz gleich, ob jemand heiratet oder nicht, eine Lebenskunst, die Dietrich Bonhoeffer in die Worte gefaßt hat: »Er gibt erfülltes Leben, trotz vieler unerfüllter Wünsche.«

EDITIONS TROBISCH, 7640 KEHL/RHEIN